力口木木 文、圖
Licomumu

去他的互相傷害

致那些為我好，
但一點都不好的人間關係

序／聆聽自己上膛的聲音

做夢也沒想到，距離第一本《去你的二十而立》出版後的第十個月，第二本《去他的互相傷害》不負眾望誕生了。

也許第一次看到這個書名，或是從未閱讀過《去你的三十而立》，甚至是還沒機會了解我的你，可能會因為書名對這兩本書的內容產生直觀的想法，或是對這位作者抱持一點點先入為主的「感（偏）覺（見）」。但這都不要緊，我還是很高興你願意翻開這本書，這都代表著是我們認識彼此的開始。

但我實際想說的是，這也反映了一種社會現象。我們都深受大中華文化儒家思想的影響，總認為「圓滑溫吞」才是文人應有的儒雅風範。所以，有時候遇到一個觀點鮮明、風格獨特、直言不諱的人——尤其是女性時，這些特質往往不會被視為正面評價，反而染上了一些負面色彩。這也是為什麼在生活中，很多人對事情雖然心有不滿，卻不敢表達出來；想要說些什麼，卻又選擇沉默；明知應該發聲，卻依然保持緘默。時間久了，也變得懶得深思，抱怨卻異常頻繁，對事物的不滿也與日俱增，崇尚中庸之道的儒家，卻反走成像是個肩不能扛的懦家。

這同時體現了東西方教育背景下，巨大的文化差異。在西方人們在行為上，是被鼓勵追求思想自由；而東方文化雖已開始接受自由思想的影響，仍然會受到社會傳統文化的束縛，壓抑了言論和行為的自由發展。最後，人們逐漸失去的是獨立思考的價值，累積了更多無處安放的情緒。

回過頭來用「麥肯錫的30秒電梯理論」介紹這兩本書，第一本《去你的三十而立》就是在敘述「面對生存就是去你丫的，唯有正視自我價值與個人能力的成長，『變強』才是底氣！」；第二本《去他的互相傷害》則是在說「面對關係就是管他ㄚ的，唯有真正認識自己且面對自己，『內心的強大』才是治癒一切的良藥」。

核心價值都是在自己的身上，然而「能力的強大」和「內在的強大」卻是兩件事。強大的本質是自信的來源，強勢的根本則是因為自卑，焦慮的背後就是源自於自己對於自我認知和外界有差距。所以想要達成「能力的強大」，靠的是與生俱來的天賦＋後天的努力；然而，想要實現「內在的強大」，就得透過極度的自我坦承才能達成，這最需要的就是「獨立思辨的能力」。

所以，你足夠「認識自己」嗎？有沒有辦法很誠實的面對自己？有沒有辦法很真實的面對別人？可不可以真誠又真實的面對這個世界？是不是都想要答案，卻從沒搞懂過問題？追尋問題的時候，總是那麼急躁；製造問題的時候，總是那麼慌張；解決問題的時候，總是那麼絕對；逃避問題的時候，總是那麼天真。

不知道從何時開始，很多事情的本質都被改變了，還是我們對很多事情的要求變更多了，又或者是我們對事情已經沒有基本的要求了，更或者是我們根本看不見事情所謂的基本面了？不，事實上是，我們看待問題的方式，本身就是一大問題。

要明白，能干擾我們的，往往都是自己的太在意；能傷害我們的，也都是自己的想不開。「認知」只有在自己經歷了、認同了，才能自然轉化為行動。只有當自己不再逃離和抗拒原本的自己，不再陷入自己製造的陷阱和障礙，不再害怕衝突，不再讓情緒來回的拉扯，不再一直去消耗自己的精氣神，內心本有的喜悅和安定才有辦法在全身瀰漫開來。

有人覺得喝酒很酷，就有人覺得喝酒不正經；有人討厭熱血澎湃，就有人羨慕靈魂炙熱。反正無論自己有多好，或是自己有多糟，如果有人喜歡這樣的你，就也會有人因此而討厭你。

但這時候人們表達的都是觀點，並不是事實。世界本來就是個多面體，從不同的角度看到的風景不同而已，就是千萬別走了心。

這也是我想表達的，《去你的三十而立》不走心靈路線，也不是諷刺毒雞湯，很多人說更像是剝皮辣椒雞湯，有點辣，有點嗆，是有層次的味道。你也許不見得會認同我的所有觀點，但那才是正常的！看書，最可貴的就是要能停下來想一下「那我自己呢？」「我是怎麼想的？」與自己對話，這才是真正深度認識自己的開始。不要一昧地接受所有的資訊，要懂得分辨其中的價值，而這也是我最希望自己可以帶給大家的——（什麼都好）。曾有讀者對我說，《去你的三十而立》很適合在挫敗時拿出來看，更像是一本寫給信念的工具書。我想，也許這才是真正現實人生的味道，微嗆也微辣，要能熱熬也能涼拌，可能還有點苦，最後才會感受到「溫潤回甘」的滋味。

因此，不管是《去你我他的×××》，不想用太過刻意的俗套金句為書名，是因為生活並非總是美好；不想以道理學問說服任何人，畢竟生活遠比所有理論都複雜；不願用浮誇的詞藻來掩飾生活的艱難，不想自以為是的質疑每個人的獨特價值，所以書名就只表達了情緒。因為走在自我成長的這條路上，我不認為自己已經有資格去教任何人什麼事，但我深信每一個願意專注活在當下的人，一定都正走在通往內在強大的路上。

書裡的文字蘊含的是我對生活的理解和感悟，是對人性的思考和探索，更是我對世界的一種回應。也許字裡行間，沒有逢迎世俗的鄉愿虛偽，也不善編織虛無的安慰雞湯，但又是誰說只有風光明媚的人才配得上豪傑勇士的名分？我的輕諧調侃是對生活的一種輕鬆應對，言笑晏晏的幽默也是遭遇困難時的一種療癒風格，是誰說不正經裡就不能帶有堅定的態度。正是因為「什麼樣的靈魂，就需要什麼樣的養料」，我才更可以不畏不懼，見到不公不義時，能毫不猶豫地挺身而出；有能力時，更願意奉獻和回饋，真誠這張底牌，才是自己希望能與人產生的共鳴，用能量一起前行。

資訊爆炸的時代，網路蠶食了真實，流量吞噬了大眾的思考。當事情被過於放大時，往往就是個體迷失的開始。當人們都需要通過他人的想法去理解事情，真實與事實便難以真正存在。當人們越輕易沉浸在別人言語描述的破碎感裡，被那些「大家說」給牽引而去，越是想要與他人找到共鳴，就越來越多人沉迷於語言濾鏡下的自我獻祭，不再有耐心去論證思辨，也丟失自我表達的個性。最後把自己框進一個個標籤裡，將自己活成了名詞。

我想我最大的優點和缺點就是「太真實」，所以你若一開始對我有偏見就對了。你若是個名詞，你便會將我貼上標籤，而我也只當你不是活的。但我更希望的是，有的時候不妨去留心那些不經意流露的、不完整的隱語，甚至是那些拙劣的語塞、真情流露的支吾，偶而將世界調成靜音，聆聽自己上膛的聲音，去將自己活成一個動詞。

不尋找愛，去愛；不期待成功，去做；不追求成長，去體驗；不等待答案，去創造。人生在世太難了，真的不需要八面玲瓏，六面玲瓏就好。剩下兩面，留給自己，那個很簡單的，很純粹的——最玲瓏剔透的自己。

然後，端起酒杯，喝自己的酒；放下酒杯，走自己的路。我依然深信不疑——「極度坦承，就是無堅不摧。」

最後，來呀，就要互相傷害呀！試試這本甘甜微辣的好滋味，允許自己所有的認同與不認同，這才是最重要的。

力口木木 2024.04

／目錄

輯二．工作之餘

輯三．戀人之間

輯四．家人之名

輯五．以己之念

輯
一

友達以上

是情　　　給 需要提升屏蔽力的你

社交
冷漠症

與其無效社交，不如適當冷漠

關於社交

老同學小虎年前換了一份新工作，誰料在新公司遇到從前班上特別活躍的女同學，現在是公司裡的高階大主管。

多年不見，他說再次見到她的感受特別深。她不僅氣質不同了，人也更加有魅力。身材清瘦了許多，但是笑起來依舊眉眼彎彎，只是變得高冷了一些，不再像學生時代那樣活潑話多。所以一旦不講話，就多了幾分酷意，非常有距離感，讓人不大敢靠近。

同事們私底下形容她是酷颯女王，工作態度十分嚴謹，話題也總是信手捻來，偶而還能帶上三分幽默，不過卻感覺像是隔著一層隱形的盾牌，整個人就像是被氣場環繞。平常總是獨來獨往，特別神秘，還有著雷打不動的節奏——

早晨當大家匆忙卡著準點進辦公室時，就看到她吃完了早餐坐在位置上，從容地忙著手邊事。下午大家開始浮躁熱鬧起鬨時，她依舊待在電腦前淡定自若。會議時，她不擔心自己「直接又掃興」的言語會被人討厭，總是一針見血（敢說）到讓人頭皮發麻。自帶觀點又說服力十足的發言，從不畏懼權勢階級；就算提出問題帶有批判，也會同時提出解決方法，然後不忘創造機會給夥伴們表現……。

小虎嘴裡形容的她，和大家回憶裡印象中的她是有極大落差的。這一個酷颯有勁的女主管，和過去那個總和大家插科打諢賦在一起，時而蹺課時而遲到，唸書還會哀哀叫，考試也會齊作弊，熱心又善良，不懂拒絕的那個女孩，似是判若兩人。

大家最後總結笑道：「到底歲月帶給了她什麼？」隻字片語裡就像是很遺憾地看待她這樣的轉變，但我卻一點也不這麼想。

不管歲月帶給她什麼，也無論她發生過什麼不愉快，即便歲月教給她的叫做冷漠，那必定也是因為她開始懂得把溫暖留給自己。我相信，這一切都是最好的安排。

擁有間歇性冷漠，熱情更可貴

這其實更像是一種情緒保護，也是一種後遺症，有人稱之為「社交冷漠症」。

當一個人經歷得越多，對人對事也會越發淡定自若。並不是高傲自大，更像是沒有力氣去討好任何人；對社交也不會恐懼，只是不那麼感興趣了；對不喜歡、不在意的人事物會主動遠離，只想保持好屬於自己的邊界感。

誰對他好，他就對誰好，但凡稍微有點讓他累的關係，他都不想去維持。與其無效社交，不如適當冷漠。不是沒有與人相處的能力，而是沒有與人逢場作戲的興趣。

這就像是心理學有一說「冷熱水效應」。一杯水的溫度不變很難察覺變化，但從冷變熱就容易獲得滿足感。人與人之間其實也一樣，一直熱情反而不利於維持關係，間歇性冷漠才讓熱情更顯珍貴。

我就是這樣活著活著，活成了一個熱衷孤獨且薄涼的人。

這種「薄涼」，不是自私冷漠的傲慢，也不是不管他人的疏遠。而是在悲春傷秋的某一刻，我突然驚覺自己的歲數早已不再年輕，一輩子莫名過得這麼快又短，我何苦要為難自己，又何必要討好別人時……。於是，開始把一切重心放回自己的身上，只想做好自己的事情，過好自己的生活；不想給別人添麻煩，別人也別來麻煩我。

很多時候看透了不用多說，看清了也不必較真，「客氣」不是用來表達禮貌和修養的，「客氣」是用來製造距離的。無論對方與我的關係親疏與否，我只是不願讓自己活得過於廉價。

然後才發現，或許孤獨也是件挺不錯的事，淡薄也是一種境界，這是一種自我修復，不是什麼「我變了」，真的無須大驚小怪。

保持冷漠，是對自己最大的溫柔

我們從小就在無形中被期待要做個熱情且有回應的人，也被教育成要明白「施比受更有福」的善良。只是，大家似乎都忘了我們每個人所能承受的負能量是有限的，可以提供的正面積極也是有限的，一個人的共情力量就是如此，總是你在照顧別人的情緒，又有誰來照顧你的情緒？為了不讓自己的內耗蔓延，那麼給自己的情緒放個假，自己照顧自己總行了吧？

好萊塢明星基努·李維曾說了：「如果你仔細觀察，你會發現，總是獨來獨往的人，往往是因為他們愛得太多、太在乎別人，太過慷慨和友善且富有同理心。」

正所謂「多情卻似無情」，很多人孤獨，不是因為他們不好，而是太好了。他們在乎的太多，重視的過力，但對方的態度總是讓他們失望，所以乾脆離群索居更自在。於是，我才漸漸深刻體會到為什麼許多最深沉的感情，往往都是以最冷漠的方式表現出來；而那些最輕浮的情緒，也總是用最強烈的方式在表達。也許「真誠待人」這件事不是只有「熱情」這一種表現方式，「過於溫暖」也未必是一種長久維持良好關係的立場。

人唯有在真正體會到「時間不會留給你餘地，只會讓你感到不及」的深刻後，才會懂得：「在時間裡面，我們什麼也不能留下，包括痛苦，快樂，和生命……。時間不是帶走天真，只是教會我們成長。歲月有沒有善待我們真的不重要，我們自己要善待自己。」

我知道薄涼並不是冷血了，我依舊是真誠的我，只是把更多的時間留給自己去修練內心，也讓自己在處理關係中更自如舒適。

從此以後，冷漠是常態，熱情是偶然，平淡是日常。就把冷漠當成是一種一視同仁的「恆溫」，這更像是一種成熟而不世故，親和而不親近的一種態度。這世界上就是有一種人，比你想像中深情，也比你以為的冷漠。

我相信，懂的人都懂。

保持冷漠，
是對自己最大的溫柔

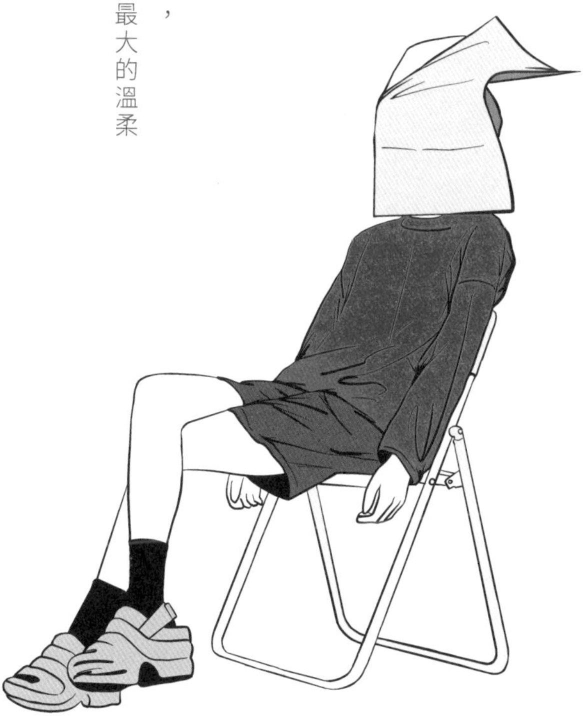

習慣原諒的病

如果什麼都能原諒，
那所有的經歷都是活該

關於原諒

《去你的三十而立》裡曾提及「別人對你的態度，都是你慣出來的」，而這個世界上最諷刺的就是「通往地獄的路，竟還都是由善意組成的」。而生活裡最諷刺善意的體會，肯定就是表現在「寬容」上。

你身邊有沒有很多人常對另一半說「沒事，沒關係」？或是，既善解人意，又能無論何時都可以溫柔說出「沒事，沒關係」的朋友？實際上，這些看似無害的「沒事，沒關係」最終都會演變成一股「選擇」與「被選擇」的情緒，我們姑且先稱呼這些總是用「沒事，沒關係」應對一切的人為「情感變色龍」吧。

在關係裡，「情感變色龍」可以隨時成為對方的任何角色，他往往是大家身邊最理所當然的存在。

當對方感到悲傷時，他會替對方斟上一杯酒，成為最好的陪伴；當對方失意時，他一定不忘給予溫暖的鼓勵和關愛；當對方幸福快樂的時候，他會獻上滿滿的祝福，既不打擾也不妨礙；哪怕對方有一丁點片刻想起自己，他便會很容易感動到骨子裡，如命般珍惜彼此的情感，繼續赴湯蹈火為對方存在。

「變色龍」扮演的角色，是因人的心情而定，只不過主角都不是自己，而是「別人」。可是別人不會知道，當變色龍的感受被忽略時，他會和自己說：「沒關係，對方沒有那個意思啦。」當別人總是不貼心時，變色龍會告訴自己：「沒關係，他神經大條，所以沒注意到啦。」當變色龍總用熱臉去貼別人冷屁股時，還得自我安慰說：「沒事，別想太多，他在忙，是我打擾到他了。」當別人明明已經狠狠傷了變色龍的心，只是偶然一個簡單的關心和問候，瞬間他的骨氣再次沒了，還會擔心是自己沒肚量：「沒事沒事，屁點大的事，都過去了。」

無數次的「沒關係」，數不盡的「沒事」，最後染上了「習慣原諒的病」。

不是真的沒關係，而是盼望「有心」來傾聽

變色龍習慣吸收所有的前因與後果，總是習慣替大家找藉口。變色龍以為時間會替自己證明一切真心，然而沒想到的是，時間確實是證明了真心，只是證明別人真的忽略了自己的感受和自己的心。原來，別人不是不懂你的貼心和用心，只是覺得「沒差也不關心」。

有多少次別人做錯事時的「對不起」，就像平日遲到時的一句「Sorry I'm late」，猶如空泛又無意義的禮貌性用語；有多少次自己的「沒關係」，就像開蓋刮刮樂裡的「銘謝惠顧」，就像船過水無痕般的沒意義。

沒有人知道，這些「沒關係」不是真的原諒，而是不想失去，所以不想計較；這些「沒關係」不是真的沒事，只是因為在乎，所以願意包容；這些「沒關係」，只是因為至少下次見面的時候，我們還可以彼此微笑。

從前的我，就是這樣一隻「情感變色龍」。我連生氣都會笑場，崩潰了都還在想著別人的感受，聊天時貼圖也會挑半天，生氣時還會擔心別人會不會不

舒服。這不是想隱藏真實的情緒，只是因為「在乎」，所以習慣調整自己的不適感，去理解別人的不在意，也就習慣「算了，沒關係」。

但是，一個人面對情感的在乎與付出，終究是一種願與不願的情緒。變色龍也許是個懂事的人，但他也是個人，有心的人。變色龍總有一天會發現，越是善解人意，就越是沒人在意。於是，總是會有那麼一天終於崩潰了，想說再見了，不願意了，不想在乎了，也不想付出了。

那麼請問：「破壞雙方感情的主因，到底是對方的不在意，還是變色龍的沒關係呢？」

朋友眼中的變色龍就是個通情達理的人，是個樂於助人的人，為什麼這一次反應要那麼大呢？情人眼中的變色龍就是個善解人意的人，是個懂事體貼的人，為什麼這麼小的事情要分手呢？

才知道，原來變色龍不是真的沒關係，而是盼望有心來傾聽；變色龍不是真的沒有事，而是期待你能用心來體會。

對變色龍而言，話說明白並不美，心不透澈更可悲。人與人之間的相處，靠的就是那顆「心」。而一個人的真實，不在於他所能披露給你的，是在於他所不能披露給你的，也只盼望那些灰色有人懂。因為只有在那一刻，才是人與人之間最珍貴的相知與相惜。

心軟是最不公平的善良

十年過後，我依然是個「情感變色龍」，只是心態早已不再相同。我仍然覺得變色龍的存在，是因人的心情而定，只不過主角不在是別人，而是「自己」。如今於我而言，疊加在生命裡的事情，一件比一件都還要「有關係」。唯有走過低潮後，回頭審視自己時，才會頻繁地意識到「我們的選擇其實非常有限，也才更清醒地明白其實我永遠都能有選擇」時，生命裡到底還有多少個「沒關係」可以給？

捫心自問現在的自己「真的沒關係嗎？」不，當然有關係。

這世界上不是所有的錯誤都可以被原諒，也不是所有的傷痛都可以被撫平，總有時間也無能為力的事情。倘若彼此都想做對方生命中重要的存在，那麼，為了不讓悲傷有機會延燒到對方那裡去，更不讓遺憾侵略到自己內心的領域，有關係的時候就是有關係。

我開始懂得學習索取，也開始懂得主動表達不滿，而不是在崩潰後才訴說委屈。因為心軟是最不公平的善良，成全了別人，委屈了自己，沒有人是贏家。

過去那些無關痛癢的屁事，就不糾結了。如果那些浪費我太多生命的沒關係，最後自食其果的都是我自己，那麼「一直犯錯的人沒有錯，一直原諒的人才有病。」如果我什麼都能原諒，那我所有的經歷都是活該。

非不為也，實不能也，我若總是以德報怨，又何以報直？是不為也，非不能也，我若也是以德抱怨，那到底又何以報德？

倘若你真的願意用心去窺見，也請停下腳步用心去傾聽每一句「沒事，沒關係」。不然對不起的事都做了，那麼對不起的話就也別說了。我是真的沒關係，因為我一點都不想跟你有關係了（笑）。

如果有種防衛叫我無所謂，那種「無謂」也應該是「無畏」。說出口的「沒關係」是堅強又溫柔的脆弱，但並不廉價。所以，真的沒關係，我會向前看；真的沒關係，我會成為更好的自己；真的沒有關係，在我心中，輕舟早已過了萬重山。

我們終是
成了
點讚之交

點讚雖易，交心不易

關於交友

S氣噗噗地向我傾吐：「一個跟自己關係還挺親密的朋友，從來不給自己點讚，卻每次看到對方都在別人的狀態下點讚、也經常留言。」她就是很納悶，明明兩個人都當彼此是很好的朋友，但又會在這種小地方感受到對方的不在乎，這讓她心裡很不是滋味。

原來，從前她們的關係緊密無間，每次對方更新動態，都不會忘記對彼此點讚留言，甚至還曾承諾要在對方的每條動態留下自己的印記。然而，現在的情形卻大為不同，S每次看到她的動態，都只想迅速滑掉，或者經過一番內心的掙扎，才勉強回頭點個讚。

連點讚都透露著人情世故，真的是太難了。

我們不能否認，自從社交媒體平台的出現，人與人之間的相處就開始多了一些小心翼翼。更不用說當自媒體的盛行，潛意識裡的虛榮，總會影響著自己心中對價值的判斷。當每個人使用網路的行為不一時，人心便多了猜忌。

在友情的世界裡，千奇百怪的情況更是層出不窮：有些人不會給平時走在一起的朋友點讚，卻總是頻繁在陌生人的動態留下自己的足跡；甚至，明明是摯友卻去給那些自己不喜歡的人點讚；再不然更絕的是，儘管是親閨密，還不時跑去和自己的前任或現任瘋狂互動；還有，對方剛剛才更新了限時動態，卻始終不回覆自己的訊息……。

誰也不知道對方到底是怎麼想的，不過對於很多人而言，「點讚」這件小事裡確實藏著很多小心思。點一個讚可能是為了提醒你，不點一個讚也可能是為了試探你，假使我們不去猜想別人，說穿也只是因為自己太在乎，不是嗎？

若是把「點讚」這件事情放到職場上，許多因工作而認識的人，點讚與否的標準常常只是考量到這個人對自己來說是否有點用處。不過，職場上的社交更加撲朔迷離，有時還有點殘酷。對你熱情不代表就是支持你，對你冷淡也不代表討厭你。這時博弈的都是人心，說出口的話也不見得就是真的，自己別太在乎便是。

我向來是一個「惜讚如金」的人，平常就很少會去給別人按讚或留言。雖然我給人的印象是隨性不羈且灑脫的，但也逃不了人性的虛榮面。我也曾感到疑惑：「為什麼明明有這麼多朋友，大家都去給別人點讚，卻很少給我點讚呢？」只是腦海一旦浮出這種想法，連自己都不免覺得羞恥。

最初，我以為自己是在保持點讚的珍貴感，好像我的點讚非常珍貴似的，但我又憑什麼以點讚來衡量別人對我的在乎呢？

後來，和一些女性朋友聊起這個話題時，她們竟然還用羨慕的語氣說著：「木木哪裡會在意這種事（按讚關注等）。」「木木一定覺得我們很白癡！」我不禁心頭一震，實在汗顏，誰說我不在乎的？我踏馬的這是耍酷耍過頭了。

我確實不在乎「按讚」這件事，但我在乎自己在意的人對自己的關愛呀！誰會知道自己自視甚高的一個讚，最後會換來大家也不需要特別在意我的不用讚。不過，既然已經開始的事情，也很難改變別人對自己的認知。人總要為自己的七情六慾（想太多）付出相應的代價。

自此以後，我對點讚這件事，有了不同的想法。

● 朋友只會有兩種：不可或缺和無須再見

在這個價值崩壞的年代，隨著社交媒體的發展，當人們已經潛意識地用虛擬行為（點讚）衡量別人的感情，便代表這已經是快節奏時代下的情緒產物，也沒必要去違心抗拒。即便我們都明白「三千點讚之交，不如知己一二」的道理，但是對網路世代的人而言，點讚就是一種認可，也是一種溫暖啊。

不管是對上傳的美食照點讚、在分享性感照片時點讚、在和別人爭論的留言下點讚、或總是秒讚每一篇貼文、甚至是抱怨工作的動態下也點個讚……，這些不同點讚的背後都有著不同含義。當然，我也相信一定有人非常在乎你，卻不想讓你發現，只是默默關注著你，也是有可能的。

但是我從這裡學到的是，點的是讚，送出的是人情，在你來我往中，都是一種善意與友好的表現，太過吝嗇並不會讓自己的讚變得比較珍貴。

然而，隨著時間的推移，那些曾經無話不談的朋友，大家的交流頻率逐漸減少。有事時，我們不願意打擾對方，擔心成為負擔；沒事時，我們也猶豫主動聯繫，怕耽誤對方的時間。最終，彼此的互動漸漸地僅限於在社交網絡上的瀏覽和點讚對方的動態；慢慢地，連評論都顯得突兀，到後來也許不知道要說些什麼，索性只想點個讚讓你想起我，想起那些我們曾經相處的美好舊時光，表達出一點點我對你的關注，如此也好。你不必回覆，了解心意就好。

繼續在沒有彼此的世界裡過著自己的生活，然後時不時放出一些生活片段，以便讓朋友們送上問候，這也沒什麼不好。

我知道時間久了，朋友也只會剩下兩種：不可或缺和無須再見。

即便我們終究還是成了點讚之交，但點讚雖簡單，交心卻不易，且行且珍惜。我始終相信，珍惜所愛就是對自己最好的成全。陪我走了一程的朋友，謝謝他們；願陪我走一生的朋友，謝謝老天。倘若彼此都是過客，回憶也不要有負擔，偶而讓我懷念於筆尖之下，也就當是相忘於江湖。

要記得，當你的生活越來越純粹，留下來的反而越來越珍貴。謝謝那些讓我毫無顧忌放肆討愛的人，至於那些無須再見的人，也就無須與他們置氣了。

時間久了，
朋友也只會剩下兩種：
不可或缺和無須再見。

暖暖包，
用完即可拋

只是知心，不是好友

關於陪伴

那一晚，女孩與當時的男友大吵一架，被丟包在街頭痛哭，我捨下友人們的聚會便趕緊去找她；那一夜，工作不如意，愛情也失意的男孩結束了應酬，打電話問我在哪，想找人聊聊，而隔天要上班的我陪他在居酒屋到了凌晨；每一回，她需要找人喝酒時，她就會找我：「只有妳會陪我。」；每一次，他只要和女朋友吵架／分手的空窗期間，他總是問我：「在哪？」「和朋友一起嗎？」我從不吝將朋友介紹給他，伴他度過孤單……。

我早已想不起來這輩子做過多少次為了友人義氣相挺而自討苦吃的事，也都忘了陪伴好友度過多少個痛苦、哭泣、狂飲至天明的夜晚。我太清楚知道一個人在低潮的時候，哪怕是一個理解的眼神或一句無意的安慰，都可能成為對方的救贖。作為朋友，又怎能在這樣的時刻置之不理呢？至少我辦不到。

陪伴本來就是這世上最了不起的安慰

興許就是過去的我，把「陪伴」這件事情做得太好了，所以身邊人總是會在心情不好的時候才想起我。那感覺就像是一種想找人喝酒、找人訴苦、找人陪伴的節奏裡，我永遠會是那個最佳的舞伴。

年輕時候的自己，就是這麼單純地深信著，只要用真心換真心，每一段感情都是最珍貴的存在。而我也跟很多人一樣，以為「被需要」就代表自己很重要，認為「存在感」就是被在乎的證明。

但事實上，很多時候就是非得把日子活透了，才會真正明白，即便你給予別人的那個東西叫「溫暖」，即便那個溫暖就叫做「陪伴」，但人就是賤的，總是「限量的」才可貴，「稀缺的」才珍貴。

原來女孩在路邊大哭，真正希望的是她親近閨密的安慰；原來男孩失意找陪伴，是因為知道我不怕熬夜，隔天也能請假，是最佳人選；而她想喝酒時，除了找我，她沒有其他朋友會喝酒；而他空窗期間害怕寂寞，也是知道我總有聚會能助他排憂解寂。

有些相處是這樣的：當你發現自己當大家是朋友，總是陪酒聆聽還要幫分析，可是大家幸福快樂的時候卻都不會想起你，唯有在悲傷難過時才會找你來陪坐。

那麼同樣的，當自己難過悲傷時，有多少人會相同以待呢？這就是真心背後最殘酷的地方。

生活中總是會有一些回應，讓自己覺得真心被糟蹋。

就像是你跟別人講感情，別人卻跟你講利益；人家跟你講利益，你又顧著情分這回事。你不斷用這樣的糾結情緒來回勒索自己，最終讓自己崩了也塌了，非得把路給走絕向了地獄。

最後才懂得，大家只是因為你人間太清醒，所以需要你陪伴；你的悲傷不屬於任何人，因為你的名字叫懂事。原來你只是大家的知心，並不是好友。

「醍醐灌頂」這個詞，就該用在這時候。

●●「歸屬感」是世界上最強勁的麻醉藥

當「存在感」已經無意識地建立在別人的需求上，誰都會下意識地希望得到別人的丁點回饋，這是病，得治。誰都希望自己身邊有可以取暖的朋友，但事實上感情世界裡過多的溫暖，就是「渣渣空調」；人際關係中過多的付出，就成了理所當然。

除非你立志想當耶穌基督、聖母瑪莉亞，不然就從今天起學會收回一些溫暖。有時候做一回冷淡的人，也才能成全真正的溫暖。這就是「愛與被愛」「付出與得到」之間的人性，得不到的永遠在騷動，被愛的人都有恃無恐。

我終於明白：不是所有的感情都是有來有往的，也不是所有的付出都會有回報。我知道遇見對自己好的人並不難，但能遇上始終待你如初的人卻是難能可貴的。儘管我仍相信一定有「你不離我不棄」這種朋友的存在，但並非每個人都能遇上「願意在黑暗陪你等天明」的朋友。在這一生中，許多人和事都是可遇不可求的。

「歸屬感」就像是世界上最強勁的麻醉劑，每個人都渴望被需要，渴望有一個屬於自己的位置。然而，真正的朋友不在於誰先來或是認識的時間有多長，而是當他來了以後，就再也不離開的那個人。因為會離開的人，終究都只是匆匆過客——全是路人。

所以，不珍惜擁有，就沒資格擁有。一個不會為你掏出心來的人，你再怎麼為其燃燒陪伴與付出，也都只是他們的暖暖包，冷則取之，暖後棄之。正因為暖暖包曾經燃燒，所以燃燒過後，那異常的冰冷，只不過是剛好而已。

最後，倘若你曾經感受到自己不被在乎的傷心，那麼我更希望你要懂得善待別人對你的珍惜。我們走在別人的生命裡，本就該寸步小心，不是嗎？我都是這樣一直提醒我自己的。

最難守的邊界

麻煩別人的分寸感

關於麻煩

還記得上一次說出「給您添麻煩」的語境是怎樣的嗎？是「不好意思，給您添麻煩了」還是「沒關係，不給您添麻煩了」？

同樣一句「給您添麻煩了」，一種是在接受人家的幫助，另一種則是在拒絕人家的幫忙。

我，似乎永遠都是第二種。特別怕麻煩到別人，也非常少開口去求人。總覺得「不打擾是一種溫柔，不麻煩是一種懂事」，遇到問題就先自己想辦法解決，寧可累一點多學一點本事，也不想開口求一句幫忙，在心中就是認為「不麻煩別人，就是一種美德」。

朋友卻特別不喜歡我這種「不麻煩別人」的個性，這會不自覺讓人有一種距離感。他說：「因為你會讓別人去猜，讓真正關心你的人不知道你的想法是什麼。比如說，有的時候你明明很辛苦，但你會說我沒事；大家覺得你有什麼事的時候，你又不說。」久了就不多問了。

有一派說法是：「好的關係，都是互相麻煩出來的。人與人之間就是要有來有往，才有好的關係。」我聽說這就是著名的富蘭克林效應：「讓別人喜歡你的最好方法，不是去幫助他們，而是讓他們來幫助你」。

真的是這樣嗎？這也是這些年我最常反思的一個問題。

別再錯把交易當交情

這是一個價值交換的年代，人人心中都有一桿秤。你值多少，別人才會為你付出多少。當你一文不值，別人就會一毛不拔。你沒有社會價值，沒有人真心跟你做朋友；你沒有情緒價值，伴侶就會漸漸離你遠去；最慘的是你沒有任何價值可以利用，那麼很多人連想都不會想起你。一旦你失去價值，所有的美好就會離你遠去。

學生時期的我們，生活中大多是一些無利益關係的團體交往，基本上也是協作活動多過於單向幫助，所有的需求都是那些生活裡無關利益痛癢的事，付出的頂多是花點時間和體力的麻煩，因此現實層面的感受還不會這麼深刻。

直到在社會化的過程裡，才會慢慢發現到這世上還有另一種類型的人存在。對這種人而言，「麻煩別人」是件再正常不過的事，「拜託一下」也不是什麼難以啟齒的話。自己缺的東西，別人身上有，那麼能麻煩別人的事，又何必讓自己操煩。

但是，總會有一些自恃跟你關係不錯的「朋友們」，無數次請你幫忙，千百次順便一下，只要過去的你每次都順應人情而答應了，之後若是開始拒絕，甚至還會被扣上一個冷漠無情的標籤。

所以，我從不覺得人與人之間的關係真的能如此簡單。如果說真正社交的底層邏輯就是「價值交換」，那麼分寸之所以難以拿捏，正是因為太多人無法分清楚所謂的「價值」是什麼，以及彼此之間的「社會關係」可以換到什麼樣的「價值」。

特別是「親密關係」不像是「社會關係」，這兩者雖然可能重疊，但本質上有所不同。人們在關係中進行的價值交換，可以是「以利益換情感價值」，「情感價值換利益價值」，以及「以情感價值換情感價值」。這些交換既可能是基於利益的傳遞，如職場上的相互幫助；也可能是純粹基於情感的支持，如朋友間的互助。關鍵都在於如何恰當地拿捏這種交換的分寸。一旦處理不當，就可能帶來截然不同的心情體驗。更不用說，在這種價值交換的過程中，有些人可能會利用別人的善良進行交易，利用人性的弱點來得到利益，這不僅傷人心，也真是夠缺德了。畢竟若當彼此是真朋友，不就越該珍惜對方的價值嗎？

超出分寸，就是給人添麻煩

如果說「人是社會關係的總和」，我們每一個人彼此之間都有不同的距離關係。我跟每一個人的交情不同，社會關係不一樣，那麼熟與不熟之間，會給人添的麻煩或是願意給予的幫助，就會不同。因此，我對麻煩的界定很簡單，就是不要做出超越彼此人際關係的請求，一旦超出了分寸，你就是給別人添麻煩，倘若是讓人為難了，那就是不夠體貼了。

那麼，什麼樣的人才是真正的朋友呢？每個人的標準肯定不一樣。至於我，視為真正朋友的人，即使我遇到了困難，也不會輕易地向對方求助。我會考慮到對方的處境，擔心對方會感到為難，尤其當對方有家庭責任時，我更加不願意帶來麻煩，擔心這些麻煩會給對方家庭帶來困擾或讓對方的伴侶感到不適。除非是性命攸關的大事，不然能少打擾對方，就盡量不要麻煩別人。反之，如果你知道我不喜歡給人添麻煩，也知道我會擔心讓你為難，但當你知道我處於困境時，在你的能力範圍內，你又怎會袖手旁觀呢？除非你不知情，否則一個真正的朋友必會主動竭盡所能提供幫助。這種互相理解和支持的友情，才是真正雙向奔赴的關係，也才是我心中最高情商的友情表現。

誠然，過與不及，皆有失之。太過獨立，往往讓人難以親近；朋友不怕你麻煩，就怕你不聯絡。但是麻煩別人後，也要放下心中期待；**畢竟關係的本質是交情，而不是交易**。人與人之間的任何交情都要有界線，盡量別去做讓對方為難的事，別以為讓對方破例，就能證明自己在對方心中的位置，一次兩次可以，時間久了，聖人都會煩。

更別說理想與現實終究是有差距的，一大鍋燉牛肉裡你夾起來以為是塊肉，咬下去才知道原來是塊薑。人與人之間真正最難守的邊界，就是這條麻煩別人的分寸感，不然就不會有這麼多人錯把交易當交情了。

成年人的世界，我們盡量不給別人添麻煩，別人就也少給我們找麻煩；到了一個年紀，我們如果不能成為別人生命中的禮物，至少也不要成為別人生命裡的麻煩。陪伴是一場幸運的意外，孤獨才是人生的常態，畢竟能隨時打擾的人，這一生又能有幾個呢？能遇上，請一定要珍惜；沒遇上也是正常，千萬別走心。

如果不能成為別人生命中的禮物，
至少也不要成為別人生命裡的麻煩。

我的
護短正義

比起別人在背後議論什麼，
我更在乎你替我說了什麼

關於護短

身邊有一些犯過錯的朋友，有些錯誤在生活裡不過是屁點大的事；有些錯誤走著走著，就走上家破財盡人散這條路；更有些錯誤，觸碰到法律界線，甚至是喪失自由。

大多是為了一時的慾望，付出極慘痛代價，繼而賠上人生的故事。現在回想起曾經的往事如初，最後也都只會剩下一聲喟嘆：「這，就是人生啊。」

只是，人沒死之前，故事都是未完待續；故事既然未完，那便是持續更新待續；人若沒爛透，就也還能更生，更別說是重生了。

（1）

朋友G，曾是許多年輕人心中的超級偶像，那時可炸紅了。卻在事業如日中天之際，犯了全天下男人都會犯的錯，加上無良媒體的過度渲染推波助瀾下，他肯定沒料到自己的感情生活，竟賠上了努力多年的事業與夢想，也讓這一生都被貼上標籤。

離開娛樂圈後，他先是用了很長一段時間與生存奮鬥，找方法活著；然而，卻依舊逃不過媒體三不五時的「追蹤報導」。就算是淡出螢光幕好好過自己的日子，也總有人對著他指手畫腳。即便是我與他一起吃宵夜，都親身碰過莫名其妙的主動挑釁者，只因為他是他。

前些日子他終於有機會為了理想再次重返舞台。只是在螢光幕前鎂光燈下，在理想與快樂之間，難免還是得背負著過去的標籤，遭受惡意的攻擊。即使想要用桀驁不馴的模樣說著「我不在乎」的話，但網路暴力從來都是殺人於無形的。不過，我知道他很努力了。

（2）

還有一個更好的朋友B，像家人一樣。也曾是被喻為領域裡「之最」的公眾明星。犯下的錯無關情情愛愛，而是「更闇黑版」的黑歷史。但早已走出過往，改過自新，擁有更好的人生了。

前些日子被媒體拿出來討論往日的「輝煌」表現，隱身多年的他，特別低調，不過還是不被人溫柔善待。那些用字遣詞之惡毒，若是拿來放在劇本裡，就是典型鄉土劇或韓劇綠茶婊會講出的話。明明是年輕時犯的錯，傷害的只有自己，沒有傷害到任何人，卻像是犯了什麼重罪似的。

真相不會傷人，對真相的解釋才傷人

我知道面對網路酸民的留言實在不需要理會，但這個道理「對，也不對。」

我常在想，如果每個人對「事實」都漠然，那這世界的價值終會扭曲至不堪入目；但若是每個人都對「資訊」緊抓不放，那麼這世界價值的崩壞，也是指日可待。

當資訊不代表真相，那麼許多時候，所謂的「事實」早已無所謂「真相」。有時候「真相」不會傷害人，但「真相的解釋」才傷人；「解釋」可以看透人性，許多時候因為事件看到身邊人性的醜陋，那才是真正最大的傷害。

我一直深信「不要用一個人的往事，去懷疑他的本質」。更不用說，有太多事件發生時，我們根本不認識當事人，不知道前因後果，更不了解往事與本質，那又為什麼各個都像是很清楚事情真相始末的模樣？

如果每一件大家口中的「真相」，都讓所有謊言看起來像是「事實」。這就是為什麼鬧劇在本質上，比喜劇更像是悲劇了。因為這世界上最珍貴也最不值錢的就是人心。

我心中的天秤很簡單：錯的事情就是錯，不對的事情就面對，就得扛。有錯就改過，改了就別再錯。倘若繼續錯，就活該得不到原諒。但若已改過，也努力變好，就值得我這個朋友，為你加油。

很多時候巨大的誤會裡面，只要有一丁點的事實存在，就是自己沒有做到寸步小心，又不足以強大到能保護自己，最後就是得付出啞巴吃黃連的代價。

所以當事人在面對曾經做錯，對於輿論評價或流言蜚語不作聲，不理會是對的。這是犯錯後必須承擔的代價，不認也得認。

但在這種時候，我不願意丟下朋友。我可以選擇跳出來陪他一起面對。我不會去與網友鄉民們口舌論戰，但我從不吝嗇在媒體評論區留下論點力挺，這是身為一個朋友該做的事。

這種心情沒那麼複雜，我知道面對網路言論無須予以理會。但當事人是我在乎的人，是我放在心上的人，他若已改過，甚至是正在前往努力變好的路上，那麼就是我的朋友，是自己人又怎麼樣？為什麼不能幫自己人說話？為自己人說話就一定是主觀不客觀嗎？如果連自己人都不能說點公道話，那公道又何在？

只要是對的事情，就是我的護短正義呀。正確的價值觀，就該正確的傳遞呀。為什麼只因為我是家人，就不能說話了嗎？

還記得電影《小丑》那句讓人感到悲傷不已的台詞：「為什麼我們滿嘴是

愛，卻面部猙獰。」

誰沒年輕過呢，我小學也偷過媽媽錢筒裡的五十塊硬幣好幾次，我現在不也成了頂天立地堂堂正正的大人！

●● 比起別人在背後議論什麼，我更在乎朋友替我說了什麼

這個社會需要多一點「愛與包容」的能量，這個社會也需要讓更多人看到「正三觀」的價值。這個社會有時候就是需要多一點人站出來說點真心話。

每一條需要重新站起來的路，一定都會特別辛苦，且備受質疑。當人們不容易相信，也無法輕易原諒時，當事人必須做的就是堅定自己的心，而朋友能做的就是不離也不棄。我就問，如果自己遇上了事，比起別人在背後議論什麼，我更在乎朋友替我說了什麼。而我是希望別人這樣對待，難道自己不該先如此嗎？

親愛的，我們都要相信，最清晰的腳印永遠是留在最泥濘的路上。如果人生可以重來一次，大家都要相信，這一次一定會海闊天空。也要告訴自己，這一次的我肯定不一樣。

而身為朋友的我，十年前十年後，一直都在，也始終如一，這就是我的護短正義。

沒有邊界感的
玩笑

你的開懷大笑，他的強顏歡笑

關於玩笑

在人際交往中，我們經常會遇到兩種極端：有些人相處起來就是感到格外輕鬆自在，而有些人則總讓人們備感壓力。他們有時會問出一些讓人不適的問題：「你薪水多少？」「你怎麼還不結婚？」「你男朋友做什麼的？」「你怎麼還單身？」

這些問題往往都沒有惡意，卻透露出提問者缺乏對個人界線的感知，甚至讓人會想要反問：「關你什麼事？」「Excuse Me，我跟你很熟嗎？」

如果我們把邊界感當作「所有權」的認知，那麼，最簡單的理解就是「什麼是你的，什麼是我的」。我的，就要問我；你的，就以你為主。缺少這些基本的尊重與認知，那就是越界了。

剛認識的朋友阿B，三不五時就傳訊息給我找哏聊天，若我在電腦旁，沒事都會回上一兩句。過了好些日子以後，我沒那麼頻繁地來回與他對話，某次他丟了一新聞連結過來，是我們之前聊過的話題，他一直沒能得到我的

「已讀」，便打電話過來劈頭一句：「我看妳一直沒有讀訊息，妳是不開心了嗎？」而我正好幫老闆接待外賓，所以回了：「我現在不方便接電話，晚點再跟你說」然後就掛了電話。

這是一件再正常不過的情況，沒想到對方可不爽了，突然傳來了很多訊息：他覺得不被重視了，他覺得我太不夠意思了，他覺得以前我不會這樣的，他覺得我變了……。

我的天，典型的「間歇性發瘋，持續性不癒」，沒有邊界感的人，沒打算深交，便就地放生，再見不送。

感情的世界也常有這種狀況：每個人的戀愛邊界感都不一樣，兩個獨立的個體難免在認知上都會存在偏差，一旦邊界感變得模糊，感情也會變得相對有壓力。很多人不解，難道談戀愛後就要和異性朋友老死不相往來嗎？就不能有朋友了嗎？難道就不能有私人時間嗎？難道就一定得事事報備嗎？

邊界感是一個很難被定義、被質量化的抽象感受，你覺得沒所謂，他覺得很有事；他說很正常，我覺得不對勁。這時候就是考驗兩個人的價值觀是不是能走在一起的時候了。

● 沒有邊界感的玩笑，就像是言語霸凌

邊界感最直接的體現就是在言語上了。

我心中最高級的「雙商表現」，就是幽默感了。既能帶給大家歡樂又讓彼此舒心，簡直是經驗與智慧的淬鍊。但大家該知道「嘴賤」和「開玩笑」是兩碼子事吧？

我身邊就有這樣的朋友，講話妙語如珠，喜歡開玩笑，也不知道是為了拉近與大家的距離，還是想要展現幽默魅力，但總是拿別人的長相特徵或是弱點來說笑調侃，有時對方不開心了，他還覺得是對方小肚雞腸。

看到比較胖的男性友人，就故意說：「欸，你不說我還以為你懷孕了。」

與人介紹比較陰柔的男生，就說：「他不是Gay喔，只是很娘炮而已啦。」

每一個玩笑的背後，其實都有一份認真的成分存在，玩笑也只是人們表達情緒的一種方式罷了。一個人開玩笑的尺度與邊界，恰恰就是他的教養。拿別人的傷口或弱點來開玩笑，對方不覺得好笑，就叫沒禮貌；會刺痛別人的不叫玩笑，那就是很難笑。

你的無傷大雅，卻是對方不為人知的痛處

開玩笑本來是為了「笑」，結果他卻是為了「玩」——玩、弄、別、人。

千萬不要小看一個玩笑的力量，一句不經意的玩笑可能會毀掉一段關係。我們永遠無法預料，那些看似無傷大雅的笑話，實際上會觸及到別人心中最隱秘的痛處；也不要輕易認為那些愛笑愛鬧的人，就可以隨意與他們開玩笑。當我們開心地大笑時，是否又曾察覺到對方只是勉強裝出笑容來？再者，「開得起玩笑」從來就不是什麼必備的優秀品格，但是「沒邊界感的玩笑」，肯定是

沒教養的一種。

當然，我們都知道讓人不舒服的舉動，通常都是因為對方越了界。沒有邊界感，總是侵犯他人的邊界很不好，但邊界感太強，築起太高的牆也會讓人有種不被信任的感覺，所以太多太少都對關係是有傷害的。

不過相較於自己築起高牆，總是去踩人底線肯定是不好的。這畢竟是一個成年人的基本修養，不然即便長大了，也會是一個不受歡迎的「巨嬰」。

因為情商一定是讓別人和自己都舒服。如果讓別人舒服自己卻很痛苦，那不叫情商，叫智障。喔，這不是我說的喔，這是卡內基先生說的。

是、智、障！

輯二

工作之餘

是義　　　給 需要拿捏分寸感的你

社會關係裡的「錢」規則

錢在哪，心在哪

關於金錢

其實所謂的「社交」，背後的底層邏輯就是一種「價值交換」。沒有價值，就沒有關係。而真要去分析所有的「社交關係」，大方向一分為二有「共情關係」和「功利關係」。

所謂的「共情關係」，就是與他人進行深度情感交流後，從而建立緊密的關係。而這樣的關係（社交行為）不涉及利益的交換，只為獲得情感與心理上的慰藉與共鳴。

而所謂的「功利關係」，則是指為了達成某種目的，或是從對方身上獲得某種利益而產生的關係。這種關係是帶功利性質的，是為了獲得資訊、知識與物質等的交互傳遞而存在。

這兩種關係在本質上就有價值上的差異，偏偏人們又喜歡混為一談。很容易認為「共情關係」的朋友為我做「功利關係」的事肯定就是理所當然的事：

「你會設計，幫我們弄一個LOGO吧。」

「你會架網站，幫我們公司弄個官網吧。」

「你不是會剪接嗎？幫我剪個短影片吧。」

過去的日子裡，我這樣無償幫助他人的次數不勝數，許多人性和教訓也是這樣看明白的，未來我並不期待這些人回報人情。但正如俗話所說：「免費的東西往往最貴」，最終吃虧的不會是我。我相信，隨著自己的時間變得更加寶貴，人情也不是那麼容易就能給出的了。這種態度不僅是對自身價值的一種肯定，也是對時間和努力的尊重。

當然也有人會說：「『功利關係』是可以存在『共情價值』的」。沒有說不可以，但通常會這樣說的人就是無法分清關係的人。

《去你的三十而立》裡曾提及類似的概念，明明什麼都不做是「本分」，做多少不求拿多少是「情分」，偏偏只要開始做了就會成了「責任」，最後明明是「共情關係」卻成了義務在做的「功利事情」，打哪來這麼好的事？真以為有人天生就愛做善事？

最終結局就是，有多少朋友把你當成理所當然，你就得開始面對後來的各自走散。而這一切眉眉角角之間，就是學校不會教，父母未必懂，懂的人也不見得會告訴你的「社會『錢』規則」，我整理了六條守則，其箇中滋味，只會讓深刻的人更深刻，淺薄的人更淺薄，最後血淋淋的教訓則教會你最現實殘忍的人性。

(1) 能用錢解決的事，一定不要用人情

年輕時的男朋友，最不好的習慣就是愛請客。每每哥夥兄弟們聚會，他總是買單。久而久之，小兄弟們好像也都習慣了。有一次我和閨密們去唱歌，前男友又想給我大方做面子，正要去買單時，姐妹們全都不領情，紛紛掏錢給他。當時我並沒有想太多，也覺得難得一次沒關係，果然還得是親閨密，她們直接說：「不能每次出去都他請客，這樣我們的關係不會久。」轟隆，醍醐灌頂就是這滋味。

對，不要欠就不會歉。人與人之間就是不要有任何情感或利益上的互相虧欠，彼此關係才會長久。而真正的聰明人，也會懂得這兩個道理：一、人情是有限量的，用一次就少一次；二、人生最難還的債，就是人情債。該掏錢的時候，就不要占便宜，你永遠不知道什麼時候別人需要你幫忙時，卻無法幫到他，那你就是別人眼中最討厭的寄生蟲朋友。

●(2) 讓別人掙到錢，你才能掙到錢

很多人在與人合作時，機關算盡、斤斤計較，生怕別人賺多了，讓自己賠了也虧了。這種「很不會做生意」的結果，就是有了一次合作，但沒了下次機會。因此，任何合作與談判，都要記住一條真理：唯有雙贏，才能長久。

無論如何都要記得：唯有把「己」給強大了，有能力先幫助別人，有利於群體的生存，才能真正進一步確保個體生存。

李嘉誠有句名言：「讓別人多賺兩分」。

言下之意就是，與別人合作，假如拿八分合理，那自己就只拿六分。讓別人掙更多的錢，自己也才能掙到更多的錢。先讓別人賺到錢，別人才會幫你一起賺錢。極致的利他，就是最好的利己。

(3) 能跟你談錢的朋友才是真朋友

按「價值交換」的邏輯來說，每個人生活中都有兩種朋友關係。

一種朋友關係不談利益，只談感情。這種朋友，若是我拒絕幫忙，他很有可能會有一些情緒，心想：「這點事都不幫忙，真不夠朋友。」

另一種朋友關係是先講利益，再談感情。通常我主動幫忙後，他們做的第一件事情就是問我：「多少錢，我要給錢。」

大多時候我總說：「免費幫你弄的，我又沒有要跟你收錢，送你的。」這種朋友都會回說：「就是珍惜你的價值，才要付錢啊。」

小時候不懂事，聽到別人是「先講利益，再談感情」，我曾覺得這樣的人是不是太現實了些。但走過上半輩子也混個人間清醒，若自己是一個有價值的人，那麼面對你是「先講價值，再談感情」的人，是不是整個感覺就不同了。至少對方是懂我的價值，也珍惜與尊重這樣的價值，不貪圖什麼，這才是有來有往的良好關係。

因此我更堅信，越好的關係，越要把利益透明化。有交心、有交流、有交易，真的能開誠布公地談錢的事，沒有什麼「不好意思」的，才能是真朋友。不占朋友便宜，就該是一個人對待友情的頂級修養。

●（4）花錢買時間換空間

阿爸在中國經商時，曾遇過兩個新進員工，由於剛畢業薪水尚未很高，為了節省開支，他們在尋找住處時皆是租房在離城市甚遠的地方，每天光是花在通勤時間就要四個小時。他們選擇增加通勤時間和交通成本來降低生活成本。

當時父親曾建議他們：「你們可以租離公司近一點的地方，雖然會貴一些，但是可以節省很多時間，拿來做更多的事。」員工A聽了，在公司附近租了房；員工B還是不想浪費錢，覺得自己有的是時間。

阿爸和我說，三年後A成了B的主管，薪水翻了兩倍。他把省下的時間用在學習上，還去考試拿證照。而B的薪水只漲了一點點，因為他每天都在上班下班的通勤時光裡，失去了幹勁。人家都說有錢人和你想的不一樣，是呀，窮人花時間換取金錢，因為窮人只做掉價的事，富人花錢買時間，這才是真正懂分配的錢規則。

(5) 好老闆談錢，笨老闆談理想

老闆分兩種，第一種：不談錢，只談理想；第二種：先談錢，後談理想。第一種老闆不是好老闆，因為他只有想到自己。第二種老闆是好老闆，因為他懂得情懷歸情懷，錢歸錢。

如果老闆只跟你談理想，不跟你談錢，除非你們志同道合，理想一致，不然自己都無法溫飽了，還談什麼詩和遠方。第二種老闆夠實在，也是利他主義的展現，聰明人值得追隨。海底撈創始人張勇曾說：「談錢，才是對員工最好的尊重。」如果說海底撈的成功靠的是服務，而海底撈員工為何願意拚命搞好服務？那也是因為老闆捨得給錢啊。

(6) 借錢給別人，花錢買仇人

最後，不知道大家有沒有發現一個有趣的人性相悖論：「借錢的時候，對方好意思開口，自己不好意思不借；還錢的時候，自己不好意思開口，結果對方也真好意思不還。」所以借錢借人品，還錢見人心，不借惹一時，要錢惹一生。老祖宗經驗果真錯不了，借錢給別人，簡直就是花錢買仇人。

所以關於借錢這回事，我基本就是四原則：

第一，不借錢給不熟的人。不熟的人都會來跟你借錢了，那代表熟人他借不到錢所以才來找你，這個人的信用肯定有問題。

第二，救急不救窮。只借錢給遇到急事難事的朋友，不借錢給想滿足私慾的人。

第三，不要立刻答應。先問清楚對方狀況，再說幫他想想辦法。不馬上同意，但也不直接拒絕，站在理性的角度上去思考，也同時顧上了人情。

第四，不打腫臉充胖子。如果自己真的沒錢，那就直接說。尤其是男生，不要因為面子或情義想幫忙，不要透支所餘去相挺，不要做任何能力外的事。

想要掌握所有的體面關係，完美的社交生活，就是不要忘了「價值交換」。這也是替自己先設立一條底線。即使情感也是一種價值，但感情債真的能算清楚嗎？扯到利益時，又要如何衡量呢？幫一次的感覺和幫了十次的感覺真的是一樣的嗎？

也許聽起來特別現實，但很多時候為了避免未來的互相傷害，江湖在走，社會關係的錢規則要懂，大家總說好朋友不談錢，我卻認為**世間上真正的好關**

係一定都是能談錢的。

錢在哪，心在哪。和人談錢，可以把自己鍛鍊成一頭狼；和人只談感情，就會把人養成白眼狼。都是成年人了，收起那些窮大方的思想，富人想的是利益，窮人才想面子。「對金錢和物質抱有溫熱的熱愛，不拒絕，不貪圖，懂分配。」這句話大概就是人看待財富的最好狀態的描寫了。

所以，談錢也許很庸俗，一旦看清楚了生活的本質，更該具備有強大的內心，而真正最浪漫的生活，不就是把這些庸俗的味兒，變成美好人生的過程嗎？

世間上真正的好關係
一定都是能談錢的。

好脾氣
不該是
活埋情緒

善良得不到尊重，
那麼最好的方式就是「不要客氣」

關於脾氣

下午快遞小哥送貨到辦公室來，離開前詢問同事菲菲：「可否借一下廁所？」

大善人菲菲自然是不疑有他，便指引小哥前往廁所方向，小哥上完廁所後，就直接離開了。

本來是一段很普通的辦公室日常，誰知隔不到十分鐘，其他單位部門的女同事突然走進我們辦公間裡破口就問：「你們剛剛是誰上的廁所？馬桶蓋上全是尿，噴得到處都是！很大一泡耶！」

大家先是一陣錯愕，面面相覷。菲菲馬上急言道：「蛤，不會吧。剛剛送快遞的先生有跟我們借廁所。」

女生們一陣「噁耶」的驚呼聲響起。

女同事對著菲菲沒好言道：「妳要不要自己去看看。會不會太誇張。」菲菲立即起身往廁所去查看。

業務經理小不點在旁邊嘀咕碎唸著：「奇怪，為什麼每一次有不好的事情就一定都是我們做的。」「問也不好好地問，都要用那種質問的語氣。」我並沒作聲，先只默默地聽著。

約莫五分鐘過後，菲菲從廁所回來和大家敘述慘況，同時準備撩起袖子整裝去打掃廁所擦慘不忍睹的尿液。

這時菲菲的部門主管，同時也是業務部公認的戰神老湯就說：「她幹嘛叫妳去清理，又不是妳的錯。」「不然妳直接請阿姨來打掃就好啦，清掃也不是妳的工作。」

秉持著把所有人都當佛對待的菲菲便說：「哎，畢竟是我開門讓他（快遞小哥）進來的，也是我跟他說廁所在哪的，就覺得好像是自己的錯，我順手去幫忙擦一下就好。這次就算了，下次我會記得當面說的。」

等等，這句話說得我可不樂意聽了，邏輯有誤，我發自靈魂問：「這跟妳有什麼關係？這是錯在哪了。」小不點在一旁跟著說：「對呀，這又不是妳的錯。不過我也會跟妳一樣，順手擦一擦就好了。」（這反轉又是哪一招？）

我眉頭一皺：「不對不對，你們就是這樣，才會一直被欺負。」「這是彼此互相尊重的感覺問題。」大家七嘴八舌講了起來「……」「……」「……」

兩個女孩都是我司業務部的菁英，和我這品牌策略出身的，行事作風肯定大相徑庭。然而身為一個優秀的業務，對待客戶不疾不徐和顏悅色，面面俱到杜絕衝突，本是一種非常難能可貴的能力。但處世圓滑八面玲瓏，往往和濫好人就是一線之隔，圓融過了頭，就常會在忍氣吞聲中委屈了自己。

這樣的人身上畫風大多是：每天起得比雞早，幹得比驢多，比狗還勤快，最後憑什麼還要被說「屎太多，會亂噴」這是把人都當牛了是吧？

就算是大道之行也講一個禮（理）字吧。這倘若是我，五行之中獨缺「忍」，都被人欺負到了眼前，難道還真要繼續與之佛系談心嗎？沒這回事。有時候忍耐並不是成熟的行為，這種好脾氣，不過就是活埋情緒罷了。

能夠忍耐、壓抑自己，才是成熟的大人？

我們在儒家思想的教育下，總被諄諄教誨「忍一時風平浪靜，退一步海闊天空」。但事實上，這個世界不是這樣運轉的，因為現實只會讓你退一步就越來越不對勁，而事情往往就是會朝那個你心裡覺得最糟糕的方向發展。

因為人性的醜陋是，習慣在有權有勢的人身上找優點，在無權無勢的人身上挑毛病，最後善良的人受到傷害，偽善的人還在那邊勸人要忍耐，教人要大度。要明白，「善良」和「寬容」是一個有道德的人對自己的要求和約束，但是又有誰可以時刻把道德當作日常行為做事的準則？我做不到，你做不到，別人同樣做不到。

說穿了，如果上司和同事真的有做出什麼大逆不道的事，我們去警察局告他們不就行了，又何必讓心裡感到不舒服？不也是因為我們太清楚知道，這種程度就是職場中普遍存在的「現象」。你之所以會有委屈的感覺，歸根結柢，就是因為你沒本事反抗或是你選選擇忍耐，而不是他們做錯了多麼離譜糟糕的事。會感到委屈，大多時候就是因為自己不夠強大，某種程度上來講，也就是自己慫了，軟弱了。

假如今天你能夠直接說出一句：「廁所是快遞小哥用的，那妳要不要請打掃阿姨來清理。」這樣的狀況是不是就會有所不同？隨之所展現出來的氣場是不是也不一樣了？

●想要堅持初心，不是嗆，而是要強

忍耐從來就不是一個成熟大人該有的模樣。一個人的情緒和感受，永遠不可能通過隱忍和退讓來讓對方知道的。日本經營之神稻盛和夫曾說：「如果善良得不到應有的尊重，那麼最好的方式就是翻臉。」

而我想說的是，如果善良得不到尊重，我們不需要做到難看的「翻臉」，但至少「不要客氣」。

這不是在教大家脾氣要壞，做人要嗆，看不爽就罵。而是偌大的繁華城市和巨大的生活壓力，硬是將一個人身上的鋒芒和稜角全部斂去磨平，取而代之的，是一個看似熟悉卻又完全陌生的自己，那麼你真的懂得如何保護自己嗎？

這也不是在說誰是好人誰就是壞人的兩極論，而是在不影響自身利益的前提下，沒有人樂意當壞人，只是一旦涉及到利益衝突，尤其在只能取其一的情況下，人都是趨利避害的，這就是本性，我們都不能逃避。只是每個人用什麼樣的方式來獲得勝利，這本來就是各自底線的問題。想活得坦蕩蕩，卻也難免需要機關算盡；想不爭不奪兩袖清風，但偏偏人為財死鳥為食亡。人活著本來就是矛盾的存在，又何必糾結在非黑即白的無奈上。

所以，多了解一些人情冷暖和爾虞我詐沒有什麼不好，人活在這世上，不就是一直在學著看透不說破嗎？要你懂得壞，並不是教你要壞。你可以不去扎人，但身上必須要有刺。反正至少自己可以選擇不做，而懂得多的人未必就是壞，不過就是閱歷深罷了。

也許大家心裡都會有所感慨，到底什麼是成熟，什麼是市儈？是單純的像一張白紙，成天被人左塗一下右畫一下的好？還是被社會磨練得像一張砂紙，別人一碰就會刺手的好？我沒有答案。但太多故事都告訴我們，善有善報，惡有惡報，好人會有好報，偏偏濫好人通常很少會有福報。

當你終於理解到在弱肉強食的世界裡，當一個好人往往總是難以善終後，倘若你心中那條底線始終無法放棄時，倘若你仍然堅持著初心的話，這時候不是「要嗆」，這時候就是「要強」。

正是因為老天爺沒空來收拾壞人，唐僧沒有悟空就會被魔怪吃掉，混蛋之所以是混蛋，也是因為大家總是一再忍耐。所以信佛信魔不如信自己，唯有自己先強大起來對待這個世界，這個世界才會變得溫柔爾雅以待。

現在的我不介意說著刺人的話，扮演不被理解的惡。因為心中信念告訴我，如果太多錯誤三觀需要有人來守護，社會許多價值太過扭曲，那麼壞人就讓我這善良的惡人來收。

權力
是最好的
春藥

我們不要就這樣算了

關於權勢

來聊個嚴肅的話題。日前「臺灣#MeToo風暴」延燒，表面上是一連串職場性侵與騷擾事件連環爆，盡將政黨、職場、校園、娛樂，再到藝文領域那些不為人知的黑暗角落，揭露至大眾視野面前不再沉默。但早在二〇〇六年人權運動家塔拉納．伯克（Tarana Burke）在被受性侵的有色人種以及底層女性中提倡「#MeToo運動」開始，核心就是希望「用同理心實現賦權」，其背後含義也是想要強化大家捍衛自己身體界線的觀念。

而亞洲國家則是以韓國的「#MeToo運動」最為激烈。韓國《中央日報》曾這樣描述韓國的職場文化：「那些有權勢的人相信自己可以做任何想做的事。」

其中在二〇二〇年政界爆發「首爾市長之死」朴元淳性騷擾事件，案件因為市長輕生更是造成社會巨大爭議，舉報者反遭輿論獵巫，最後全案因「嫌犯已死」終止刑事調查。但事實上，早在這之前不知道已有多少女性為此自殺身亡，更不用說韓國演藝圈層出不窮的性醜聞以及震驚世界的「N號房」性剝削事件，韓國社會嚴重的性別矛盾對立，以致結婚率也掉到史上最低。

即便是在這個明明早已高喊平權許久的年代，就算是在自稱亞洲第一性別平權的臺灣，女性在職場與社會中所受到的歧視與侵害，也一樣是遠高於男性許多的。

追根究柢「權勢性侵事件」之所以頻傳，最大問題的關鍵就是在於，這個社會對人性背後難以抗拒與抵抗的「權力（Power）」都有了錯誤的想像。

不是犯罪者的錯，而是受害者的過？

所以，權力是什麼？在權力關係中，操控他人的方式有兩種：一種是硬權力，是當某人利用威脅、處罰或強制手段來迫使另一人做某件事，即使對方並不情願。想像一個老闆以工作機會為籌碼，要求下屬進行不道德或不合適的行為，而下屬因為害怕失去工作而不得不順從。

另一種則是軟權力：是一種透過吸引力、說服力或影響力來操控他人的行為。在這種情況下，被影響的人可能會想要跟隨某個人或做某件事情，因為他們被這個人所吸引或受到其影響。例如，一個有魅力和領導力的領導者可能會感染其團隊成員，讓他們願意投入更多努力去實現共同目標。

然而，在某些情況下，即使沒有明顯的威脅或強制，也可能存在著壓迫和不平等的權力關係。例如，在職場上經常發生的性騷擾事件就是一種典型的例子。在這種情況下，雖然受害者並不情願接受性騷擾，但由於害怕被報復或社會壓力，他們可能無法或不敢反抗，從而被迫接受這種不對等的權力關係。這種情況下，即使沒有明顯的強制手段，但仍存在著一種被迫的壓迫關係，這就是我們所謂的「權勢性侵」。

這一類的案件之所以很容易被受理成「未遂案件」，正是因為「權力」之於「性別」在不對等的關係下，很容易讓人有了錯誤認知。一是權力者對於權力使用的想像，二是被得逞者對於權力服從的心情，最後再將社會大眾的眼光加諸於上，於是不難想像「被得逞的受害人」心中最大的創傷，多半也是因為羞於啟齒，或擔心被人們誤解「自己不還是接受了」，於是更不敢說出口了。

這世界就是這麼扭曲，被騙財是蠢，被劈腿是笨，就連被偷錢還都得被扣上「為什麼不偷別人專偷你，肯定是看你笨」，這句句質疑就像是所有的原罪都不是犯罪者的錯，而是受害者的過。

最可悲又可笑的是，當女人們各個都說自己都曾有過不好的經驗，男人們則各個人心惶惶暗自心驚，自己是否也讓人有過誤會？自己是否也MeToo過別人，卻渾然不知？只是酒桌日常又要如何標準化作業？示好把妹時又要如何琢磨對方的欲拒還迎呢？

男女之間的分寸本來就很難拿捏，更別說怎樣才是邊界與標準。最後講到法律，到頭來就算行為沒有踰矩，思想犯罪有沒有錯？精神犯罪是不是過？關於雙方之間的交流，也只有彼此會知道，但是只要一句「認知不同」就都能做為藉口替代。

這是兩性都該學習的自我約束，無法拿捏好異性間的分寸感，一旦用身體界線給了對方期待，就很容易留下傷害。

權力是最好的春藥

曾經美國前國務卿季辛吉隨口一句名言：「權力是最好的春藥（Power is the ultimate aphrodisiac）。」倒是成了經典渣男語錄，這世界不知有多少權力掌握者都引以為鑒並身體力行效忠著。

男人一旦使用後還會覺得自己特別強硬，催情作用下睪固酮暴升，邊界感就開始模糊，要不是對自己的認知產生極大的膨脹誤解，再嚴重一點就是大頭管不住小頭，然後與人之間連最起碼的「尊重」都會被視若無物了。

而有很多女性在本能上就是會傾向於喜歡那些更具有社會支配力的男性，她們可能會以為自己對權力者的感情都是因為所謂的「男性魅力」而著迷，但是從進化論的視角來看，其實也都是因為地位具有適應性的。

我把之前認識的友人介紹給一個女性友人，女性友人看了一眼他的照片，沒有太多反應，顯然就是沒有興趣。後來我跟她說對方是外商高管，女性友人的興致一下就來了，立即改變了態度「我就喜歡霸總，很有男人味。」明明都是同樣的人，一旦冠上了董事長，總經理，執行長，老師等頭銜，誰不都是自帶Spotlight、青蛙變王子，瞬間魅力值躍升，還會備受別人尊重和禮遇。

所以權勢、地位、威望、影響力等是不分性別的，它如果是春藥，那也是毒藥。世上之所以那麼多人熱衷於爭權奪利，就是因為太多人對權力都有不當的想像，帶著錯誤的認知在行事，所以沒了「權力」該有的邊界感意識。這也難怪官場（在上位者）桃色醜聞特別多，官官難過美人關，而媒體挖掘的粉色八卦，也成為醜聞的最大來源。

總結問題的源頭，就是上位者對於權力使用的想像，以及人們對於服從權力的情緒使然。如果上位者沒有得到比一般人更多的「好處」，擁有比別人多的支配力，也不會讓那麼多人甘心為了階級分明的權力結構，忍辱負重鞠躬哈腰的服從權力與上位。相同的，如果上位者沒有得到那麼多人的俯首貼耳，他又何來那能力去支配人。

所以在權力關係中，「有人挺著（盲目支持）」與「被人罩著（沒有是非的保護）」全都是共犯結構，然後支配並欺壓不在此結構中的草（賤）民。最後在權勢地位面前，大是大非並不重要，因為這世界的「立場」永遠比「是非」重要。

這就是大環境可怕之處，有多少人為了求生求勝所表現出的行為與模樣是極其醜陋的，然而我們卻沒有覺察。明明爬得越高的人，對待操守和自律的要求就該比他人更加嚴格，偏偏無法抗拒權力帶來的粉色效應，還總是心存僥倖，明明大道理都懂，後果也都知，卻依然高估了自己，低估了慾望，傷害了別人，也毀掉了自己。

「善意提醒」不見得是最恰當的語言

在這個社會中，你是否其實也是共犯？有多少人習慣用維持和諧的關係，要被支配者顧全各種大局？又有多少權勢之下展現的「關心」，實則就是暗示威脅？

人心的多樣複雜，我們總是難以維持平和，人與人的關係若比喻為多圈水波的中心，一人進的範圍即是他人退的忍讓，水波距離石子應該多親多疏？或是總在將近越界猶疑不定？被支配者心中的掙扎與痛苦又有誰來體會。

而且也聽到不少人用著「政治正確的不正確」「乍聽之下有道理，但實則狗屁不通」的神邏輯在評斷事情。當一句「算了啦」成了每個傷害事件的起手式，偽善者的大道之言，全都是對受害者更病態的道德綁架。

若是不幸的事情終究是發生了，回到被支配者的身上，所有自以為是的善意提醒與評價，不就是一群痛不在己的人變相在檢討受害者，都忘了加害者才是做錯事的那一個人。

我們不要就這樣算了，好不好？

在社交江湖打滾了二十年，深刻體會應酬環境不可控因子太多，太多無法用隻字片語就解釋清楚的灰色地帶，誰不都是靠著經驗，學看臉色，一步一印懂得如何隨機應變，見招拆招，能閃則躲，在保護好自己的前提下，又能顧全大局，得以讓彼此利益關係往良好方向邁進。當然，若是遇上越界之人，也會有自己的不客氣，社交江湖這回事，總得要有自己一套手腕。

即便是如此，也是有人會說：「其實你們女生也是享受其中的吧，不然幹嘛要去？是不是也期待自己能在這樣的聚會裡釣上大尾。」

呸。

我可以理解在慾望的驅使下，男人很難滿足，但不明白的是，為什麼當男人想要用權勢地位支配別人的同時，女人就不配擁有獨立思考和生存的能力？為什麼一個懂得拿捏邊界感的女人，一旦參與其中就是趨炎附勢、攀高結貴？但若是為了閉入凡塵，不就代表自己必須脫離競爭環境？光是大環境就已經對性別有著衡量標準上的不公平了，就算擁有可以直接與男人交手的社交能力，也會被有色眼光看待，那更別說遇上「權勢性侵」這種許多說不明道不清的心情，社會檢討被害者反而成了家常便飯，太多隱形不見的父權社會偏見，唯一能做的不是逃避，而是為自己守住邊界，然而繼續戰鬥。

這讓我想起NETFLIX戲劇裡《天選之人》那一句心碎台詞：「我們不要就這樣算了，好不好？」沒錯，誰要跟你算了。走在捍衛自己身體的界線，不要就這樣算了，但不是被欺負了才不要算了，而是在不正確對待的時候，就不應該算了。

我的身體，我自己說了算。

不是被欺負了才不要算了，
而是在不正確對待的時候，就不應該算了。

有偏見，
才是
痛快人生

情緒早已無關事情本身

關於私心

（1）

公司小朋友C對我說：「妳這是偏見，妳對我有偏見，所以才不肯給我機會。」我直勾勾地盯著他的眼，並且說：「我不該對你有偏見嗎？」「你覺得自己是一個可以讓人信賴的工作夥伴嗎？」「想打破成見，那就先證明自己。」

中午吃飯時，受我器重的小夥伴們先後跑來和我聊天，他們問道：「老大，妳就不怕別人說妳偏心不公平嗎？」

我眉心一皺：「有什麼好怕的，我就是偏心呀。這是人性，我幹嘛隱藏。你們工作做得好，我器重你們；他訊息不回，人也懶散，我有事找不到人，找到人了還做不好。我對他有偏見，這不是合情合理嗎？」「難不成我還要假裝公平，把工作交給我不信任的人來處理嗎？這裡又不是學校，我還需要對他耐心教導平心以待嗎？」

（2）

高中同學傳來私訊：「我離職了。」我不假思索地回了一個字：「又？」她說：「這次真的跟之前不一樣，我的主管太扯了，他真的什麼都不會，我快瘋了。」

其實無須她說的任何理由，我也都能猜到七八分。畢竟每次的說法不外乎是：工作內容和自己想的不一樣、同事全都很懶散、主管真的很愚蠢、內部升遷制度不完善……，她總說自己沒遇上伯樂，而我從一開始的聆聽陪伴到後來的嘴下不留情，再到現在的魂飛放空左耳進右耳出。我就差沒有跟她說：「一個不會游泳的人，一直換游泳池是沒有用的，一直嗆水是你的問題，不是游泳池的問題，別每次溺水了都還想拖累人啦。」

●● 世上有太多的「對人不對事」

上面兩件事情，一個是直接在講偏見，一個是在講抱怨。但事實上我們每個人都活在自己的認知裡，卻沒有察覺，大多時候別人對自己的偏見，也成了自己對別人的成見。不是嗎？

事實上，這個世界有太多太多「對人不對事」的時候，會說出「『只』對事不對人」的人，通常都是有人先被當槍使了，自己也才可以擺出個聖人高度，大義凜然地說著：「我是對事不對人」。

說白了，誰是自願被當槍，誰是被迫去開槍；誰是無辜中了槍，誰是早就變成靶，誰是真正幕後劊子手，誰又可以判人無罪殺人無形，這本就是社會上的生存潛規則。認清楚自己的角色，才能找到屬於自己的最佳生存之道。

打個比方，我護短，但前提是他們要能夠成為我的人；我忠主，但前提是我願為他俯首稱臣。我的人，再不好再不乖，我會自己教（對錯），別人說三道四，絕對護之；我的主，再無理再任性，我有我的數（是非），我情我願累死都我活該，絕不抱怨。

因為我相信這是對的人，既然情在，所以公私分明，就事論事，這是信任。但只要是不對的人，管你是誰，我就只跟你論事，沒有信任，無需談情。最重要的是，很多時候感受都是累積的，也因此「情緒」早就無關事情本身。如果一個人可以是槍，也願意是鎧甲，那麼能當別人的刀，也肯定能為自己揮劍。相對的，你若什麼都不行，那又如何責怪別人不懂你是塊金。

所以在職場上，有時候不是能不能的問題，而是要不要的情緒；這不是吃虧就是占便宜的學習，這是誰才能上戰場作戰的硬實力。

被誤會是難受的，被偏見對待是不公的，不被理解是孤獨的，但人生不就是一個在許多悖論裡找尋自我的旅程，你只能靠成績和事實來打破別人對自己的成見，不是嗎？

當你阻止不了別人對你的偏見，不如就大方接受

職場上太多因偏見而不專業的人，這種人通常都不願意面對自己的偏見，就算是正確的事情，也會為了反對而反對，帶著成見與情緒固執己見，進而影

響了共事關係，都忘了人性是人心所產生的，自己的心一旦複雜了，什麼事情都跟著複雜了起來。

有偏見總是難免的，人類的思維本來就不是理性的。大家老是想拿人性跟人心來糾結內心，最後還要站在道德的制高點上裝大智，說穿了全是偽善。正確表達偏見的方式，就是要大大方方地承認自己有偏見啊。

愛因斯坦都說了：「要打破人的偏見，比崩解一個原子還難。」當世界都在教育我們不要有偏見時，我倒是認為偏見是來自人心，人們心中的成見就像是座大山，沒必要在每個人身上翻山越嶺。更別說心臟偏左是常識，人心本來就是偏的，又何苦要為難自己。

我認為，正因為我們每一個人都是不足的，不如承認自己的知識有限、邏輯有限、閱歷有限；進而承認自己的理性是有限的，承認自己還是會感性面對，承認自己就是在偏見之中，所以這一生才需要努力「打破別人對自己的成見，持續提升自己；承認自己對別人的偏見，用心去體會別人的改變」這才是偏見的最高境界呀。

最後，屬於我心中那把刀，全看你是誰。很多時候，不用理解，各有各的路，有誰不喜歡「明目張膽的偏愛」以及「毫無理由的護短」呢，更別說情不自禁流露出的「喜歡」，這全都是心之所向，無愧於心便好。畢竟有偏見，才是痛快的人生。

人們心中的成見就像是座大山，
沒必要在每個人身上翻山越嶺。

成為
大人的
我們

別讓從前的自己，看不起現在的我自己

關於認同

（1）

一位新創公司的年輕老闆，在尋找人才的關鍵時刻，對我在前公司團隊中的小徒弟貝貝表現出極大的興趣，想挖角她加入新創團隊任職社群行銷一職。於是他希望借助我這位前輩主管和團隊大家長的身分，來探聽貝貝的意向，並希望透過我作為中間人，同時也徵詢我的意見。

他說：「雖然她的能力還有待加強，不過她跟著S（合夥人）肯定可以學到很多東西。」「我是覺得她之前在你們那邊的薪水太高了，我們應該沒辦法給那麼多，這點可能要評估看看……不過我看她是真的很不錯。」「你不要看我們這樣，我們這邊可是很操很辛苦的，她要有心理準備，不過，這是可以讓她發揮的舞台。」

我心裡不自覺直犯嘀咕，大哥呀，你這是想要尋才的說詞嗎？這根本是氣走人的話吧。

我沒好氣道：「你想找她去你公司上班，怎麼會先來問我呢？直接先去和她談呀，我不能代替她回答啊。」「我這邊就提供Reference Check（資歷查核），其他的你們自己去聊。」

「喔喔喔，我會呀，只是想說他們都比較聽妳的話，所以先來問問妳。」又是神邏輯！這是她的未來又不是我的，是要聽我什麼話啦。

後來我們聊了一會「求才」與「管理」這些事——

「其實就算我們資歷深，也不見得總是對的。就算是當到了老闆或主管，也同樣還是在學習。」「我真的覺得『向下管理』是一門學問，時代在變，很多思維也要變才行。」我不知道他有沒有聽出我的一些言外之意，畢竟成年人另一個頂級的自律，便是克制糾正別人的慾望。這已經是我最委婉可以給予建議的方法了，不然白眼早已翻到外太空了。

（2）

薇薇大學剛畢業，在一家只有七、八個人的小公司裡從實習生轉正職，卻遲遲未調整薪水。薇薇多次想找老闆聊，但老闆卻一直和她大談理想奮鬥，似乎都在暗示她格局小，不要只盯著眼前那點錢，成不了大器。

一開始薇薇也深怕自己屢次談錢好像很俗氣，真的顯得格局小，所以就不敢多說。但辛苦工作了半年，不小心從別人口中得知新進畢業生的薪資竟然高她許多，心裡就不平衡了。

她找老闆說理，老闆卻說：「你一個應屆畢業生，能有機會，就該知足了！」最後還聽到他感嘆的說：「現在年輕人喔～」

這個老闆的年紀跟我一樣大，我實在想不通這種價值觀是哪裡來的。很多人當了老闆之後，就換了個腦袋。孩子們，遇到這種屎老闆，請手刀離職。

君子愛財，取之有道。付出的勞動和傾注的才華，理應獲得合理的報酬，這是最基本的道理。老闆想要賺錢也沒有錯，但不要明明是為了賺錢，卻讓自己披上聖人的偽裝，用犧牲個體的手段，將自己壓榨別人的行為疊加價值和光芒，實在噁心。

工作就只是賺錢的手段，幫人打工的本質是用合作創造價值，再用價值賦予自我意義。若一開始就先用空洞的意義綑綁住價值的釋放，抹煞了成長的可能，那合作當然顯得蒼白。

數落當代年輕人是所有大人都會幹的事？

縱使不想承認，但事實就是。我們對二十出頭歲的年輕人而言，就是他們眼裡所謂的「大人」。而「數落當代年輕人」似乎是每個年代的大人都會幹的事，當年我們七年級生不也都被冠上「草莓族」一詞，而商業週刊還有一期寫著《史上最難管的一群人》，如今回頭想起來實在好笑，那現在這一代又該如何形容呢？

憑良心講，很多事情真的不是用年紀來區分的。吃不了苦、扛不起壓力的人每個世代都有，而每個時代的大人會做出來的事，也多到讓人跌破眼鏡，大吃一驚！有多少人嘴裡說著蘇格拉底，心裡想的全是拉布拉多，說有多矯情，還真是沒有在假演戲的。

每每看到喜歡倚老賣老的人，那骨子裡不自覺對年輕人的輕視與不友好，總讓我覺得丟臉。不是明目張膽輕視人家的想法，就是藐視他們的自信，站在資源占有者／既得利益者的地位上，壓制著年輕人不准放肆。最缺德的是，自己的時間才是時間，別人的時間好像都是屬於自己的權利，隨便使喚。

凡是不聽話，不順從的，直接一句：「現在年輕人喔～」劈頭蓋臉的狠狠叩到人家頭頂上。好似給了人家一個職位或未來，別人就該披星戴月、拋家棄子、感恩戴德一輩子一樣；每到年終獎金發放時，又要冠以團隊之名，希望大家共體時艱多擔待一點。就像是談錢談報酬都是沒遠見的想法，能夠談理想、談奉獻、談犧牲才是真正有為好青年。

一邊無底線的壓搾著他們，一邊動不動就用「不吃工作的苦，就要吃生活的苦」這種話來內涵他們。說起來不是工作讓人絕望，而是上班讓人絕望；很多年輕人也許不是因為看不到未來所以耍廢，而是因為你們大人讓他們看到了未來，所以何必努力。

老話一句，每段關係的底層邏輯都是一樣的「價值交換」。和年輕人合作並不複雜，要麼錢到位，要麼人做對。

如果在一段不對等的關係裡總是看不見自己，也得不到滿足，別說利益薰心者，再有毅力者都會撤退。

大人不是永遠都是對的

科技資訊的進步，現在的年輕人都是在我們無法想像的速度而覺醒，越來越多的人需要自我價值被認同，態度也許不妥，但這就是時代變化下的現象。進步付出的從來都是代價，只是面對價值觀念的代價，一個社會又能承擔多少？這是需要共同進步的年代，大人不是永遠是對的。年輕人也許現在什麼也改變不了，但時代終究是留給源源不絕的年輕人。改變是必然的，也許肉眼看不見，但肯定會泛起朵朵漣漪，終會捲起驚濤，摧毀腐朽過時的思維。

看著自己剛出社會時，舊文章裡的義憤填膺，那些心中對大人們的抵觸，如今就像是錯置時空。為了不賞年輕那個信誓旦旦的自己一巴掌，我才總是不斷地提醒著自己，絕對不要成為以前口中和文字裡最討厭的那種大人，我也曾這麼期許自己：

「我們都不要被大人給騙了。偶而都還是要停下腳步來，回頭看看那個曾經好傻好天真的自己，想想從前的笑容，以及那純粹的快樂。然後告訴自己『我要努力比喜歡以前更喜歡現在的自己。』因為我相信，等到我們可以拿著不同的成就和別人分享時，我們才能在『比喜歡以前更喜歡現在自己的心情下』，不讓未來的自己，討厭現在的我自己。」2011

如果現在的你總是有著許多怨懟，也請你一定要記得，「你們就是當年的我們！所有的一切都是為了未來的自己，所以現在請為自己努力，別讓自己變成當年你們口中的大人！」

而所有的自己，都別讓從前的自己，看不起現在的我自己。

被道德綁架的善良

別讓你的善，成就別人的惡

關於偽善

聚餐時，好友A說著自己工作上的不愉快。他說每次收拾東西準備下班的時候，主管總是用著怪聲怪調的方式對他說：「大家都還在忙呢，你這樣就走了？我們不是團隊嗎？」搞得他明明把事情做完了，也沒事了，卻還是會繼續留在辦公室多待一會兒，只為了讓大家心裡舒服一點（？）。

好友B則在旁邊說，總比他們每次明明已經加班累得要死，好不容易下班了或是放假日，老闆就會在一旁說：「辛苦大家了，我請大家吃飯。」大家也不好意思拒絕，只好硬著頭皮陪老闆吃飯。

C則繼續接著說，自己每次與客戶應酬的時候，也不知道是客戶自己想喝還是愛喝，總是一直要敬酒，最常說的就是：「來來來，我乾杯，你隨意就好。」結果，他若真的只喝一口，客戶便會說：「哎，我都乾杯了，你沒喝就是看不起我呀。」

「有句話說，累死你的從來不是工作，而是工作中遇見的人啊。」我淡淡地飄出一句話。

砰，瞬間引發社畜共鳴。大家開始掏寶似的，每個都在比自己誰遇到的牛鬼蛇神更厲害，一個比一個精彩，而每個故事的背後其實都隱藏著雙向的「道德／善良綁架」。一邊是利用別人的謙和善，達成了自己的私和惡；另一邊則是利用自己的謙和善，成就了別人的私和惡。

有一種善良，就叫作「偽善」。相較於功利且自私的人，我更討厭這種人了，而且他們都一些特徵：

一、在他人眼中顯得善。這是一種帶有功利性的善，大多來自集體潛意識或群體對個體施加的壓力，即：為了行善而行善。例如很多人做公益是為了得到別人的讚美；或者，我對你「好」，是為了讓你附和我的「表演」。

二、過度共情，俗稱「多管閒事」。本質上是把自己內心不願面對（處理不好）的問題投射到別人身上。就好比有些人無時無刻不在操心著別人的戀愛、婚姻、生育，以過來人的經驗向你傳授一些「技巧」，實際上自己的家庭生活可能是一團糟。

三、忍受別人對你的惡（討好型人格）。這種「善」並非發自內心，講白了就是敢怒不敢言，除了會讓自己感到厭惡，某種程度上，也是在助長「惡」，這股「惡」以後還會落到別人頭上。

●● 小心那些只和你「講感情」「講道德」的人

我能明白善良的人容易被「正向價值觀」綁架。但真相是：任何「正向價值觀」都是片面的、相對的、有前提條件的。尤其是當別人利用這些「正向價值觀」來壓迫自己、綁架自己的時候，你是否能夠勇敢的反抗，並且無條件相信自己的感受，維護自己的立場？這、很、重、要。

小時候還未能明白，所以容易吃虧；倘若都已活到老大不小了，卻依舊如此，那你會一直鬱鬱寡歡，就應該原因出在哪了。

有時候，人用高標準高素質（過度善良）來要求自己，其行為就等同於是站在惡人的一方，一起來剝削自己。講難聽點，你一面當著惡人的幫兇，一面勸自己要大度、要忍耐，結果別人心安理得地享受剝削你的成果，你卻又在背後詆譭他，這並沒有比較光明磊落，好嗎？

更重要的是，道德體系下的「價值」是不能被量化的，因為「道德」是一種屬於自我層面的事，是一種自我修養，是用來要求自己的，而不是拿來要求別人的。偏偏問題就是在，正因為不能被量化，所以人性的黑暗面也才會被放大，那些貪婪、自私、小氣……的性格，才有了充分發揮的空間。

在這樣的制度體系下，你要是太順從，肯定會吃虧；你要是太較真，便容易落下愛計較的罵名。還有更糟的，你若是道德感又太強，就只會讓自己過得更不好。

所以，要特別小心那些只和你「講感情」「講道德」的人。「我們是兄弟，就別這麼計較了。」「大家辛苦了，拚起來的事業就是大家的。」不管人家是真是假，拜託你自己可別真不計較了，還全都信了。

「情感」與「道德」本身並無對錯，不過，被人們掛在嘴邊，那就是很大的問題了。正如同武功本身並無邪惡之分，往往錯的都是習武之人啊。

真正的高人懂得先談規則

我就喜歡一開始只「談規則」「講價值」的人。敢於談價值、敢於談錢的人，並不代表就是沒道德，修行和賺錢並不衝突，敢於肯定自己的價值，也是自我認知很重要的一刻，價值和道德就不該是矛盾的兩方。

真正的高人嘴裡是從不提起「道德」的，他懂得和你先談規則，然後直接談屬於你的價值，這樣做事絕對才是有德的表現，也才是真正的高人。

道德內化後，對內就是自律，就是自省。而對外的，則是對別人的「難」有寬容和理解。他很少談到情緒，因為真正的同理心是需要用心體會的，是需要知道對方真正要的是什麼，而不是一味的自嗨自我感動，這樣的付出對別人來說只會是一種沉重的心理負擔罷了。

如果你還沒有足夠的力量（無論是技能還是資源）能自主地選擇自己的環境，那麼請務必謹慎，或是盡量避開那些只會談情說道德卻不願實際行動的人們和圈子。不要讓自己的善良被利用，成為別人惡行的助力。世界上，真正缺少的不是善意，而是人們堅守原則的決心。唯有堅持自己的原則，才能確保不會在他人的劇本中，成為無意中的幫凶。

累死你的從來不是工作，
而是工作中遇見的人啊。

輯

三

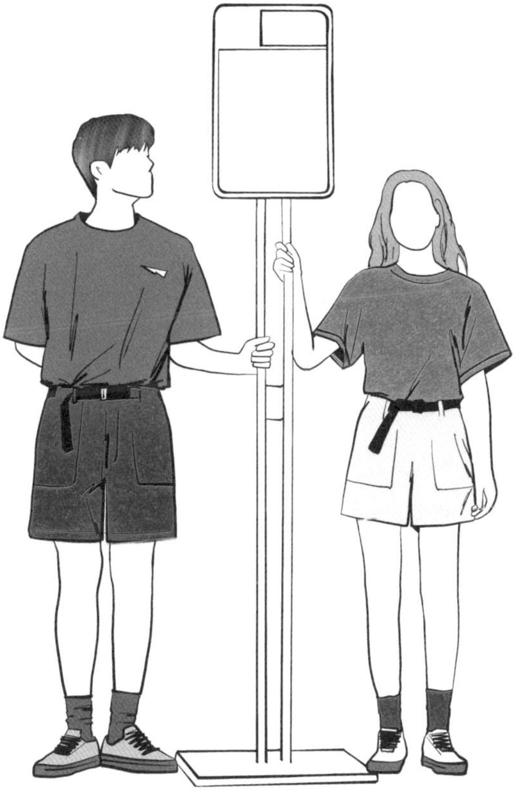

戀人之間

是愛　　給 需要即時止損的你

愛情偽命題

所謂對的人，是他願意成全你

關於伴侶

愛情，這個自古以來就讓人津津樂道的話題，不斷地被人重新解讀或定義。過去，人們受到社會道德宗教等文化風氣的束縛下，總是想要在「理性主義」和「經驗主義」之間爭一個公婆之理。然而，隨著時代的演進，非理性的「浪漫主義」悄然興起，給那些憑感覺行事的人找到放飛自我的藉口，彷彿所有的事情都不需要理由，很多事情也不需要道理，愛情就從一個神聖的契約變成一個簡單的名詞，而靈魂伴侶的概念更是多元的。

但是唯有真正陷入過愛情的人才會懂得，其實「愛情」遠不止是心動的瞬間，它更像是一種強烈的化學反應，是一種會讓人上癮的藥物，而「熱戀」就是荷爾蒙失控的直接後果。事實上，許多意亂情迷的瞬間，都很難真正去證明「愛情」的存在。所以當我們受到流行影視、漫畫小說等文化的影響，許多人從小就對愛情抱有一種既定的、浪漫化的價值觀——彷彿只有刻骨銘心的愛情才算「真愛」，非他不可的才是「愛情」時，也許都忘了，這一切的愛情故事，其實都是我們內心深處的一場戰鬥？

其實，在我們平凡的現實人生裡，「愛情」或許更貼近一種基本的人類慾望，它是人類在繁衍本能驅使下，大腦產生的激素混合反應，而我們對這種情感的理解和追求，不過是為生活加上了一層叫做「愛情」的濾鏡。因此，無論是開心也好，悲傷也罷，愛情最終會教會我們的，也都是屬於自己的一場自身修煉。

因此，無論你是夢想找個又高又帥又有錢的伴侶，還是期待一個身材完美的戀人，更或是超級貼心的暖男小綿羊，總歸到底一樣是「價值交換」的事。只不過，前者主要是物質層面的交換，而後者更多涉及精神和情感層面的支持；所謂理解你、懂你的人，其實就是那個能「滿足你所有情感價值」的人。在這個意義上，愛情充其量也不過是個交易市場。

在這個市場里，每個人都希望自己的「商品」能賣個好價錢，也希望盡可能以低的價格買到自己想要的「商品」。市場的基本規則是「等價交換」，但每個人對於「價值」的定義都不盡相同，這就是為什麼對愛情本身不應抱有太高的期待。唯有提升自己的價值，才是最實際的增值手段。

所有的東西都會過期，包括愛情

我漸漸地不喜歡這種問題：「你喜歡什麼樣的男孩？」或是「你欣賞什麼樣的女生？」每次這個話題一出來，大家就開始列出一堆理想類型：喜歡性格開朗的、喜歡甜美可愛的、喜歡高挑的、喜歡身材健碩的……這一個個條件全都是作為人的特質或特徵，卻不是具體的一個人。我就在想，我們到底是真的喜歡這些特質，還是單純喜歡這一個人？

如果有一天，因為成長或成熟，那個人不再有我們最初喜歡的那些特徵，難道就不愛他們了嗎？就像有些情侶會說：「你變了」，到底是什麼變了？是對方不再有我們喜歡的特徵了，還是我們自己也變了？

試想，如果我們一開始就設定了一個完美伴侶的形象，而這個標準還會隨著時間推移變得更高，一旦對方沒達到我們的期望，我們就會覺得對方變了。

「他是不是不愛我了？」「他已經不是我當初愛的那個人了。」那麼這樣的愛情根本就是個偽命題，畢竟每一個完美的背後都藏著一個近乎於苛刻的要求。

正如同電影《重慶森林》所說的：「不知道從什麼時候開始，在什麼東西上面都有個日期，秋刀魚會過期，肉罐頭會過期，連保鮮紙都會過期，我開始懷疑，在這個世界上，還有什麼東西是不會過期的。」

是呀，壓根沒有永久的東西，所有的東西都會過期，愛情更是如此。

大家若都是用客觀條件去定義愛情，那是不是只要客觀條件存在，「我愛你」「我愛著你」「我愛過你」「我曾經也愛你」是否全部都等同於愛情呢？越是這樣想，愛情這道題，就真的是道偽命題。

所謂對的人，是他願意成全你

然而，有些人眼中的愛情，不是簡單的客觀條件所能描述的。在這種愛裡，重要的是對方對自己而言的獨特之處，還有那些日常相處中的幸福點滴，這些全都是無法取代的。在這樣的愛情中，沒有所謂「對的人」，只有雙方「願不願」成為那個對的人。

如果一個人想成為你心中那個「對的人」，無疑會包含很多努力和付出；兩個人要相愛，更需要在相處中不斷努力。所謂對的人，也是因為他願意成全你，這才叫做愛情。

因此，不要抱著「會有那個對的人」突然降臨到自己生活中、解決自己生活裡所有爛攤子、將自己從泥濘的人生中拉出來，得到真正救贖的幻想。即便真的有人願意為你付出一切，那你也得問問自己：我是不是已經是一個「對」的人？

愛情如果是一種慾望，那麼誘惑永遠存在，沒有「最好」，只有「更好」。愛你不代表你就優秀，沒人愛你也不說明你不夠好。如果你將愛情視為一種奢侈品，自己處於被動地位，自然會覺得遇到真愛的機率很小；如果你把愛情看作是一種護膚品，自己採取主動，你就會發現，遇到愛的機率取決於你是否願意先好好對待自己。

這不是要大家放棄相信愛情，而是希望大家不要只夢想成為童話故事中的公主，坐等王子來拯救。生活這場仗，我們要可以拿起自己的武器，勇敢地戰鬥。在沒人愛我們的時候，要學會好好愛自己；在有人愛我們的時候，也不要忘了「做自己，愛別人」。去探索生活中更美好、更值得投入的事物，全心全意愛自己，這才是真正最永恆的愛情。

沒有所謂「對的人」，
只有雙方「願不願」成為那個對的人。

一百次的感動
比不上一次心動

除了兩情相悅，其他都是心酸

關於心動

「人家對你這麼好，條件也不錯，妳幹嘛不和他試著交往看看？」

單身的日子裡，我聽過最多的話大概就是「試著交往看看」這類的言論。其實聽到這種勸說，也曉得大家都存著想看戲的心，但正因為年輕時談過一次「試著交往看看」的戀愛，便再也不願用自己的感動去換別人的心動了。老實說，實在是太缺德了。

缺德的是，我心裡很清楚知道那不是心動，所以我不會時時刻刻想起他，然而他卻總是會想著我；缺德的是，他為我做那麼多事，我不是感覺開心，而是感到壓力；缺德的是，我知道只要我沒有回以惡意，那麼他會一直如此心甘情願，而我未必甘之如飴；缺德的是，我心裡很清楚知道正因為我無以回報，所以我問心有愧。缺德的是，我想為他付出的心情竟是因為愧疚，而不是因為想要……。

我永遠記得對方說：

「我知道妳根本不喜歡我，或者是沒那麼喜歡我。妳從來不會因為別的女生吃醋，也不會因為我有事情不能陪妳而生氣，妳甚至連我喜歡什麼都不了解。如果妳只是因為我對妳好所以才跟我在一起，那真的可以不用這麼有壓力。我對妳好只是因為我喜歡妳，不是為了讓妳報答我。」

最初，我嘗試聽從別人的建議「試著交往看看」，心裡想或許真的可以日久生情，卻不料最終成了我人生中少有的傷害他人的經歷。

認真想想，感動和心動是無法比較的。心動是在見到對方的時候，會緊張，會期待，會心跳加快，會想要和對方一直待在一起；而感動本質上就是一種精神補償，愛情又不是集點換贈品，感動不等於心動，不討厭也不代表喜歡，就算想要日久生情，怎樣也該是先有情後才交往，畢竟人可以說謊，但細節不會，愛是積累，不愛也是。

●●感動和心動下的對比，就會出現「雙標」

我想表達的是，「愛」是個極其抽象又虛無的概念。我們會因為許多關係的蔓延而產生「愛」，但真正展露出細節與深度的才叫「情」。我仍然深信，在愛的世界裡，細節很重要，它勝過千言萬語，更是深情的表現。比方說，在雨天特意來的接送；比方說，偶爾經過花店時買回的一束花；比方說，見面時帶上一杯我喜歡的冰／熱美式；比方說，加班時發來一則「記得吃飯」的溫馨提醒；再比如，在我焦慮不安時牽起我的手……。是這些看似微不足道的細節，才是讓人感到珍貴和被愛的證明，也正是因為這些細節才能成就一個深情的人。

畢竟在不同的角色關係裡，愛人、朋友、血親都不過是關係代名詞，有些關係，你必須「愛」他們，但你並不是真的「愛著」他們。也正因為每個人需要被滿足的細節不一樣，才會發現有時候「以愛之名」並不能留住任何人，而有些人則可能因此陷入情感勒索的困境中。

感動是容易的。可能是因為雨中遞來的一把傘，也可能是辛苦熬制的一碗粥，或是深夜裡的陪伴、生理期間的一杯熱可可、只是記得一個人的生日，甚至是日常捎來的一則關心簡訊，這些小事都能讓人感到溫暖和感動，但感動也僅止於此。

喜歡是放肆的。即使魚刺卡過喉嚨，你卻仍舊喜歡吃魚；儘管被狗咬或被貓抓，你卻依然熱愛動物；雖然嘴裡滿是蛀牙，你卻還是嗜糖如命。即便那個人棄你於千里之外，你還是願意為見他一面而風塵僕僕。當你真心喜歡某人時，哪怕他做的飯難以入口，你都會覺得這是世界上最浪漫的事；當你對某人沒用情至深時，即便對方費盡心思為你準備滿漢全席，你可能只會淡然回應：「我吃不了這麼多。」或「不用這麼麻煩。」

這背後的人間真實是：「因為喜歡，所以甘願；因為不喜歡，所以無所謂。」因為先心動者，會希望能擁有「兩個人」專屬的感動；而後感動者，最缺的是屬於「一個人」的專屬心動。然而殘酷的是，感動可以去營造，心跳卻只有自己能聽見，心動也只有自己能懂。

深情，不是所有人都能承擔的債

所以戲劇《華燈初上》裡蘇慶儀說那一句：「愛與不愛，根本就是兩張臉。」所以人也分兩類，是你和不是你；日子分兩種，見你和想見你。所以就算是一百次的感動也比不上一次心動，除了兩情相悅以外，其他過多的情全都是心酸。

從此以後，我不再輕易拿自己的感動去換別人的心動。因為靠感動獲得來的情感，終究是對彼此關係的一種消耗。如果自己的感動勝過喜歡，那麼「深情」便不是自己能承擔的債。

然而，縱使沒心動，並不代表我不珍惜這樣的深情。畢竟在這個曖昧橫行的世界裡，我們都不該讓深情成為笑話；我仍然希望有情人都能在這樣薄情的世界裡，深情地活著。

愛到窒息
會想逃

是誰親手殺死了愛情

關於生活

（1）

男孩已經結婚五年，但妻子並不喜歡他婚前的生活方式和朋友圈，因此對他有許多指點和意見。男孩自覺婚姻便是責任，願意為了對方放棄許多自己喜歡的事物和社交活動，將大部分時間留給妻子。

在過年期間，我們難得相聚，幾輪酒下肚後，他向我拋出了一個問題：「你覺得婚姻值得嗎？」我心想，完了，有坑。

這是一個沒有正確答案的問題，所以我只能淡淡回答：「我不知道，我沒結過婚。但我看得出你不快樂。」

他看上去非常疲憊，與朋友的聚會對他來說宛如重獲自由。他說：「我都快沒朋友了，她還想要我怎樣。」

我輕輕地拍拍他的背，畢竟這是別人的婚姻，我不宜多言，更不應輕率給予任何建議，更別說是建議「離婚吧」。在這樣的時刻，有時候最好的陪伴確實就是一杯酒了。

（2）

女孩曾經被丈夫的一句話深深觸動：「就是因為妳抓住了我的胃，我才把妳留在身邊。」因為這一句話讓女孩堅信，「給丈夫做飯」就是對愛情真摯付出的證明。因此，她將為丈夫準備晚餐視為日常生活中的一件聖事。每天下班後的第一個電話總是打給丈夫，溫柔地詢問：「晚上想吃些什麼？」丈夫通常會輕鬆回答：「妳決定就好。」聽到這話，她總是滿心歡喜地投入到各種食材和食譜中，精心籌劃那一天的晚餐。

然而，最近的一些變化讓這份單純的快樂蒙上了陰影。她發現丈夫經常在辦公室就解決了晚餐，晚上回家時只是淡淡地應付她那一桌子精心準備的佳餚。她的不滿和失落情緒開始積聚，終於在一個看似平常的晚上爆發了。她忍不住質問：「是你說過喜歡吃我做的飯，現在你卻連嘗都不嘗，這是怎麼回事？」她的聲音裡充滿了委屈和不滿。

丈夫顯得有些意外，可能之前從未意識到她對這件事情的重視程度。然而，這一衝突迅速升級，變成了一場大吵。她無法理解，為什麼丈夫對她用心良苦的烹飪如此漠視，而他則感到充滿壓力且透不過氣來。

愛是最小主義的共產主義

電影《雲端情人》裡有一句經典台詞：「愛情，是社會認同的精神錯亂（*Falling in love is a crazy thing to do. It's like a socially acceptable form of insanity.*）」

這就是所有愛情在面對自我價值無法妥協時，最常見的精神錯亂。畢竟「價值觀」這回事，狹隘來說，是判斷是非對錯、選擇取捨時的一種標準；廣義來解釋，是每個人對於自己最理想的存在方式。

我們所構建起來的「生活」，有十之八九出自於自己的價值觀。這些觀念隨時間形成習慣，進而導致各種事件的發生與結果。

以男孩的故事為例，有人一生離不開友情，因為友誼是他們快樂生活的核心（這常見於男性）；也有人生活中不能缺少愛情，認為愛情是幸福生活的基石（這在女性中較為普遍）。但這並不意味著重視友情的人不需要愛情，只是他們的生活中「不能只有」愛情；同樣，看重愛情的人也需要友情，只是在他們的生活中，愛情始終排在首位。

衝突通常發生在重視愛情的一方，他們希望另一半能捨棄朋友，以完善彼此的愛情生活。在他們的心裡，重視友情的那一方，不應該輕易為了友誼而放棄愛情，因為那樣就等於是為了自己的生活而犧牲對方，這是自私的行為。

畢竟，愛情在社會中被寄予了延伸至「家庭」的意義，也承載著「責任」；而友情則被視為「個人生活的延伸」。觀感上，似乎人不能因為追求生活而放棄家庭，但換個角度上來說，又好像是為了愛情而喪失自我。孰輕孰重，孰是孰非，從來就沒有標準答案，卻是很多人痛苦的源泉。

那麼，來看看女孩的案例，其實問題根本不在「晚餐」上，而是她過分想要去證明與表現自己的愛，而老公僅止一句浪漫的情話，合理化了這樣窒息式的付出。最後，這些關心反而變成了負擔與壓力，肯定就是吵架收場。

這些全都是日常生活中屁點大的事產生的衝突，卻是消磨愛最多的主因。女人的付出，最後還變成了男人犯錯的理由。

「她做這些，反而讓我覺得我沒有回應就是錯誤！」這是很多男性朋友心底最真實的感覺。也許太沉重的愛，誰也擔不起。

只有當兩人在最初相遇並相愛時，彼此在價值觀上就是同一種人，不管是共同需要朋友，還是共同把對方視為生活的重心，這樣的關係才可能無往不利。反之，若想動之以理，「愛情」是你的「人生」，「友情」是他的「生活」，你的幸福人生是陪葬他人的痛苦而來，而他的快樂卻成為你不幸的主因，怎麼聽這段關係都是不對勁的。

為什麼一句話和一頓飯會成為心中揮之不去的結？無非就是平常總是很懂

事，習慣性說：沒關係、沒事的、不要緊。可心裡還是默默期待著男人的良心發現。如果對方沒有給予相應的回應，她又可能會在心裡生氣，甚至當場感到惱羞。俗不知，大部分的男人心裡只覺得莫名其妙，根本不知道自己到底又是錯在哪了。

我問過身邊很多大直男，如果在忙碌時未能兌現承諾，內心感到愧疚，但女方表示「沒關係」時，他們會怎麼做？大多是說：「如果女生說沒關係，那就過去了。」是的，男人的快樂很簡單，他們處理情感的邏輯也是。

因不了解而相愛，卻因了解而分離

相愛容易相處難，價值觀迥異的兩個人不是不能相愛，只有當彼此處得來時，所有價值觀上的差異，都會是「個性上的互補」；若是相處不來，又無法學會包容彼此的不同，那便會被稱為「性格不合」。

你當然可以理直氣壯地以為：「如果他夠愛我，不是就該為我而改變？」

相對的，你為什麼不問問自己：「如果你夠愛他，為何卻不願意為他而讓步呢？」

很多事情我們都知道答案，卻沒人願意把相同的問題拿來問自己。而一段關係中，最大的隱憂就是不願在失衡中找均衡，卻只想用犧牲和忍耐來實現一種表面的和諧和短暫的和解。一旦情緒累積到極點，就像拔掉手榴彈的插銷，一觸即發，成為壓垮彼此駱駝的最後一根稻草。儘管彼此都還是相愛著，最終都是徒勞。窒息式的愛，終究會揮霍掉你們的情。

這不只是「愛情」與「友情」之間才會有的矛盾，任何關乎個人存在價值認同的問題，本來就是人類在情感上最脆弱的環節。那些「因為你，所以我⋯⋯」的言詞背後隱藏了太多情緒負擔，但是任何需要你去犧牲自我而去實現的關係，本質上就是不健康的；而你是有選擇的，只是當初你的選擇是捨棄你自己。

該丟棄的絕非自己，而是不必要的執著

這世上最不需要的，就是教別人怎麼生活。我不是兩性專家，也不擅長說教，太過直視人心的言論，說到底都是刺耳的。反正人生短短幾十年，除了違法和觸犯道德底線的事情堅決不能做以外，我面對所有關係就只遵從兩個準則「及時行樂和及時止損」。

兩個人的結合，或多或少都有犧牲奉獻。但是經驗告訴我：別委屈了自己。我們可以為了愛情包容，但不能因為愛而變得卑微。沒有原則和底線的容忍，就是無休止的忍讓。即使你願意讓一輩子，對方也未必願意被你讓一輩子。喜歡一個人是為了對方慢慢變好，兩個人在一起變得更好。最理想的情況是，隨著時間的磨合，雙方的價值觀能夠走到一起，一同踏上幸福的旅程。但一個人的努力終究是無法支撐兩個人的愛情，如果價值觀沒能走在一起，這往往是許多感情破裂和婚姻不幸的根本原因。道理很簡單，兩個人在一起很開心，越來越開心就是對的；兩個人在一起很累，越來越累，那就是不對。

我們這一生可能會愛上很多人，但是可以跟你相處一輩子的人，也許就只有那麼一個。「你愛我，我也正好很愛你，然後我們又能夠相處融洽在一起」這本來就不是隨便認識喜歡上一個人，就能達到的理想愛情。可以找到一個願意和你分享生活、相互體諒、相互依賴的人，也不是一件信手捻來的事。遇上了，該分的月老指定不來，該在一起的孟婆也拆不散，是你的終歸是你的，不是你的強求不來。

面對生活的各種選擇——如何把握，如何堅持，如何後退，如何面對——這些都是我們所有人一生的課題。如果無法緊握，那麼知道該何時放手就顯得尤為重要。也許，我們該學習丟掉一些東西，但絕對不是丟掉自己的價值觀，而是丟掉那份執著，對於「拒絕接受不同價值觀」的執著。

如果他沒有按我的方式行事，並不意味著他不認同我；如果他沒有給予我所需，也並不意味著他不愛我。你的愛讓他窒息，他的離開，並不意味著他不再愛你，而是讓人窒息的愛，親手殺死了愛情。

好的愛情是通過一個人看到整個世界，壞的愛情是為了一個人捨棄全世界。「一個為了女人捨棄世界的男人，一個為了男人捨棄生活的女人」這樣看似羅密歐與茱麗葉，梁山伯與祝英台的故事，都不該是真實人生嚮往的愛情，那是最愚昧的感情。

而比失去愛的人更糟的是，你竟然因為太愛一個人，而失去了你自己。

任何需要你去犧牲自我
而去實現的關係，
本質上就是不健康的。

戀愛，
我想和你談談

愛你是局部，愛自己是全部

關於相處

女孩個性剛硬，事事不服輸，吵架也要爭到底，沒把事情說清楚講明白，就絕對不會善罷干休；而男孩個性溫吞，大部分時間總是讓著也依著，一次不想說、兩次懶得講、三次隨便她，直到這次，他，不想讓了。

一件屁點大的事，女孩如往常把分手掛在嘴邊：「那這樣在一起幹嘛？分手算啦。」

「好啊，那就分手吧。」男孩這次真的是揮揮衣袖離開了。

女孩以為這只是一次很大的吵架，但劇情就像你們心裡所想的一樣，他們真的分手了，女孩也崩潰了。

女孩開始每天和身邊人打聽著男孩的一舉一動，努力想從男孩生活裡的蛛絲馬跡中找到一絲點自己的存在。三不五時傳著簡訊想關心男孩，男孩要麼不回，要不就是回答：「嗯嗯」。

這是許多女生在談戀愛時最常犯的「無心之過」：「公主病」和「沒安全感」。當然，多數女生都不認為自己有這種問題。

我之所以說這是「無心之過」，也是因為愛情畢竟屬於兩個人的事。當女方自然而然地認為，男友應當疼愛女友（而男孩也樂在其中）時，女孩卻可能把這種疼愛視為理所當然，而將相處的甜蜜變成了過度的索取。原本是甜蜜撒嬌的行為，卻演變成了任性妄為的「公主病」。然而，當一位典型的「直男」——他可能討厭討論瑣碎的細節，不喜歡事情變得複雜，不願因解釋小事而顯得自己像做了錯事——情況就變得複雜了。

如果一個需要強烈安全感的女生感覺到男生有所隱瞞，她可能會開始檢查手機、限制他的行動自由、詢問周圍朋友關於他的一切，甚至頻繁打電話追問，這種行為往往會導致關係中的嚴重失衡，面臨到嚴重的「信任危機」。說好聽一點，這可能是因為女生缺乏安全感；說難聽的，可能會被視為疑心病重或控制欲強。

女孩，就是上述患者，都是無心之過，但都是出於愛，以為小小的任性，是愛的表現；以為「如果他愛我，那麼他理應為我做……」。殊不知最後揮霍掉的是對方的愛，也葬送掉自己的愛情。

●過度操心只會揮霍掉兩人的愛

我們都明白，兩個人的事情誰都幫不上忙，唯有靠自己痛過才會明白。

我問女孩：「妳現在有什麼感覺……」女孩回：「懊惱」。

這時有許多人心中泛起的旁白不外乎就是「人呀，失去後才懂得珍惜。」不過，站在女人的立場，我也想替女生說句公道話，這一切就是代表女孩眼裡「只有」男孩。

不妨換個角度想：女孩沒有錯，女孩只是太愛他；女孩不是不懂愛，只是不知道如何去愛。正因為女孩眼裡只有男孩，便希望男孩眼裡也只能是她。當男孩生活裡不只有戀愛，還有兄弟，還有工作……等事要煩心時，女孩就會感到被忽視，沒有安全感由此而生。

上述症狀不斷重複又重複後，就成了許多年輕女孩在愛情中常犯的錯誤：妳的過度擔心，是壓力，不是助力；妳的過分操心，不是信任，而是沒有安全感；妳的所有關心，那都不是珍惜，而是揮霍掉了你們之間的愛。妳苦苦哀求喊著：「還我愛情來……」但是親愛的，他不是不愛妳了，而是愛得太累了，累到沒有力氣去愛了。他跟妳戀愛，結果妳真的一直在跟他「談」戀愛。

你想愛誰都可以，但請先懂得愛自己

「我愛你」與「我愛著你」本就是兩碼事。當名詞與動詞對決於真實人生，理性與感性間的拔河，就沒那麼簡單了。

假設我們都明白「失去了才懂得珍惜」是多麼愚蠢的錯誤，那不如真正去了解「正因為曾經失去，我們才更會懂得遇見對的人有多不容易」呢？

畢竟，能說得出口的委屈就不算是委屈，能被搶走的愛人也不算是愛人。

這本就是一場決定玩了就不能回頭的遊戲，籌碼是真心，賭注是幸福，輸得一敗塗地並不代表你失去了一切。

在很多人眼裡「用力的去愛」才叫珍惜，但事實上有時候一昧的追求，會發現自己失去的越來越快。這就是人際關係中的食物鏈，亦是維持奇妙平衡的吸引力法則。這也是為什麼「感情，並非理所當然的；感情，是需要經營的。」

所以，你想愛誰都可以，但請先要懂得愛自己。

很多事不是我們緊緊握住就不會離開。因為不斷緊握拳頭的同時，你早忘了如何為自己和為對方鼓掌。唯有懂得愛自己，才會更珍惜自己，才會讓自己更好，由外到內的改變，再由內而外的散發自信光芒。然後開始懂得微笑，開始懂得幫助別人、開始懂得與自己相處、開始懂得付出、開始討人喜歡，自然而然你也有能力去愛別人，進而才會明瞭什麼樣的愛情是自己想追求的。

因為：不適合自己的愛情，就算再愛，不能相處就是在揮霍彼此的喜歡。

「相處之道」不會是天生就擁有的智慧。有時，一場眼淚，我們才能看清眼前的人、腳下的路、還有想要前往的方向。有時候越是覺得理所當然的事情，越會在每一個不在意的時候，變得面目全非。所以學習當一個聰明的女人，懂得先珍愛自己，才更會懂得付出愛別人，而後討人來疼愛著；不管是愛情友情或親情皆如此。

讓每個你愛的人走進自己生命時，不只是為了愛你，而是讓你感到值得被愛。這樣一來，才不會讓自己在錯綜複雜的社會角色裡（母親／女兒／老婆／媳婦／員工／主管），失去了自己，也沒了快樂和生活。

因為擁有，就是失去的開始。揮霍太多任性，就是揮霍了自己的愛情。而能擋住自己擁有幸福的人，只有妳自己。

套句愛因斯坦說過的話：「重複做著同樣的事，卻期望著不同的結果的人，一定有問題。」想當聰明的女人？還是有問題的傻妞？Your Choice.

不適合自己的愛情，就算再愛，
不能相處就是在揮霍彼此的喜歡。

如果愛有回聲，
你不會聲嘶力竭

他來友情客串，你卻傾情演出

關於曖昧

說實在的，酸酸甜甜的曖昧，也許是青春才會有的象徵，但成年人的曖昧糾纏，一點都不浪漫。故事的開頭總是適逢其會，突如其來的遇見，始料未及的歡喜；故事的結局總是花開兩朵，天各一方，猝不及防的再見，毫不留情的散場。故事的中間不外乎是，走得越近越顯衝突，陷得越深越是絕望。

就這樣時間一天天的過，好像什麼也沒變，但一回頭看，所有事情都變了，包括對方曾經用很甜很甜的方式喜歡過你；然後時間一天天的過，他把那些甜化成了漿，明明不愛吃甜食的自己，終是迷戀上了這甜味；結果時間一天天的過，明知道糖成了漬就難清理了，卻還是一步步地讓這甜漿黏上了心頭；最後時間一天天的過，你沉浸在甜湯裡，開胃成了饞鬼，對方隨心所欲的餵食，卻從未提過豢養。

而在喜歡的世界裡，最自私就這種：他總若有似無的讓妳「感覺」自己是重要的。想愛又不想用力愛；明明不愛了卻要留下深情貌。而最折磨人的關係就是「你不說，我不問」，既想糾纏，又想放棄；既想做到不聯繫，又控制不住的想念；既想慢慢退出有他的世界，又怕真的失去他；既想愛他，又不想真的愛他，因為想他太痛苦，不想愛又忘不掉。

即便不是情侶關係，但朋友不像朋友，戀人不像戀人，陌生人不像陌生人。明明很想念，卻不知如何主動聯繫，明明很牽掛，卻又擔心打擾了人。明明想要愛，卻要愛不敢愛，明明不確定未來，心卻收不回來。

●●以為偷走別人的心，卻遺漏了自己

明明只是星星之火，卻燒遍了整個草原。開始擅長口是心非，卻又希望對方能察覺。就算故意表現的不在意，心裡頭還是會感到失落；就算假裝不關心，言語中還是會洩漏出丁點在乎。哪怕是一點對方對自己那似有若無的想念，只要能夠讓自己感到一點存在，就會以為是對方的一種暗示。

最後便造成一種狀況：在於太愛了，會不想了解，太了解了，卻又不敢愛了。到頭來，許多事情會繼續，不代表它還存在，而是苟延殘喘的結束。最後

他把喜歡變成了恆溫，對你是另類的殘忍，這就像是一段只有了開始，卻沒有結束的情感，長長久久地被禁錮在他似有若無的在乎裡。各自都以為自己是偷兒，先偷了別人的心，沒想到最後遺漏了卻是自己的靈魂。

你一直問自己「後來不愛了」「跟一直不愛」哪個比較可悲？我只知道「唯有不甘於曾經擁有的人，才會如此狼狽不堪」。因為大多時候我們「以為的」不見得是「真的」；我們所相信「真的」卻不過是「以為的」。在多情的世界裡，都太愛猜測，不愛直接，簡單的事情複雜了，複雜了心情就煩透了。選擇不思考又像是逃避，思考過後得到的竟還是問號，最後連最初的那顆心也跟著迷糊了。

因此，你開始不斷找理由說服自己，也許當初只是喜歡上被喜歡的感覺，而不是真的愛；又或許，對方是因為不敢愛所以不去愛，你也只是因為不死心所以不甘心。但是你知道嗎？即使曖昧讓你們感情變深厚，即使他的所作所為都像愛，但是只要沒有在一起，說到底就是不夠愛。如果愛有回聲，你不會如此聲嘶力竭。

這就是長時間曖昧後的糾纏，總是先說愛的先不愛，後動心的不願死心被傷害。你的「情深」不是人家的「烙印」，他先用朋友的關係開始了愛情，結果你跌進了愛裡，他卻全身而退。沒有身分的占有欲最可笑，沒有資格吃的醋最酸。自己總是入戲太慢，對方卻又出戲太早；人家來友情客串，你卻傾情演出。明明上一秒想通釋懷了，下一秒又崩了，每天就這樣循環，一遍遍的折磨自己，大道理全都懂，就是難免總是在深夜裡又翻了船。

過分期待正是爛尾的開始

有些關係，不管你願不願意，除了再見，別無選擇；有些人，不管你願不願意，只能止於唇齒，掩於歲月。有些人，濃了回憶，淡了關係，偏偏看不出穿他所有的虛情假意，卻只觸碰到他轉瞬即逝的真心。所以無論是曖昧也好，苟延殘喘的糾結也罷，就算時間告訴你這也是一種愛，只是這樣維持迷糊關係的存在，怎樣看來都是一種心酸的浪漫。所以到底是末了？還是未了？我不知道。但我知道互相折磨是到不了白頭的。

親愛的，也許卡在喉嚨說不出口的那些話，絕大部分都是關於愛；也許有些好，就得像埋在地下的酒，終得需要藏底很久才能被懂得。但是有結果的付出叫付出，沒結果的付出叫代價。人的感情在大多數時候其實都是一種浪費，用在對的人身上會好的無畏，不計較付出與得到的比例；用在將就的人身上，瞬間就變成一種想都不敢想的折磨。

就當是關係好到不分彼此後，才會發現原來早已不適合做戀人了，因為他愛妳，但他更愛他自己。因為在他感情開始淡去的那一刻起，你們之間的情愫便成了一種存在的靜止方式，這或許是你們之間用來相愛的唯一方法。

這時候就當作他有他的固執，你也有你的驕傲，要知道「喜歡一個人」不等於「這個人值得」。依戀本來就是拿來揮霍的，過分期待就會是所有爛尾的開始。那些你會害怕失去的，就是註定會失去的。

習慣說謊
的男人

不說≠欺騙；
但你的隱瞞，其實她都知道

關於欺騙

（1）

說謊，就像是現代社會的求生本能之一。對很多人而言，多說多錯，少說少錯，不說絕對不會錯。更何況在一段愛情關係裡，男人的觀點肯定是「誠實者，死於非命；說謊者，便可壽比南山」。

S的男友，正好就是這種「習慣說謊的男人」。

電話那頭，男人告訴她「不行」，因為那天他要和爸媽去吃飯；電話那頭，男人告訴她「不行」，因為現在他還在加班；電話那頭，男人告訴她「不行」，因為！@＃！$％。其實，電話那頭，他沒有在吃飯，也沒有在加班，只是五花八門的理由全都有，但就是沒有一句是真的。

他可能沒有在做壞事，不過是和兄弟哥兒們在一起玩樂喝酒，但他懶得解釋，所以習慣說謊；而他也有可能正在做壞事，陪小三偷情玩樂出門玩，所以他習慣說謊不解釋；甚至是，他單純不想出門罷了，卻不想應付S，所以選擇了說謊。

S總是相信了，就算後來發現他是說謊的，她也都還是相信男人所有蹩腳的解釋。這也怪不得有人會說：「男人對妳說謊，都是女人『寵』出來的。」因為女孩就是好傻好天真，明明知道不對勁，只要對方打死不說實話，自己還會說服自己「想太多了」，便也合理化了男人說謊的行為。

曾有男人對我說：「女人的地雷真的有夠多！男人的善意謊言只是不想被女人一直煩！」這也怪不得總有人會說：「男人對妳說謊，都是女人『逼』出來的。」

還有人是這樣說：「編撰謊話是男人的天職，辨別謊話是女人的天命，兩者兼備則是愛情中必要的天分。」

兩性之間若真有天職與天命這論調，難不成女人天生就是拿來懷孕哺乳受精用？男人就非得要努力賺錢養家庭？那麼，無法生育的女人即是喪失天性？沒賺大錢的男子豈不就連人都不如了？簡直胡說八道。

習慣說謊就是慣性使然，狗改不了吃屎的壞習慣，結案。

（2）

還有一種狀況，便是在一段關係之中，雙方間的「秘密」多寡，牽繫的是兩人的信任。但是「說」與「不說」或是「說到哪」，也許對傳遞者而言，只是對象上的差別，但是往往苦就苦在接收者的「感受」了，全都是對彼此情感的考驗。

很多女人討厭男人有秘密，但其實對男人而言，也許很多事情他根本不覺得是秘密，他只是「不說」，或是「有選擇性的不說」，更直白點就是「不、對、你、說」罷了。畢竟會被歸納為「秘密」的事情，就是「不被接受的事」。試想，倘若男人願意與你坦白這些「不被接受的事情」，那原因只有兩種可能：

一、與自身無關。

二、不好的事，需求助於妳的解答與幫助或情感宣泄。

當男人總是很願意與你分享這些不被接受的事情，那麼恭喜你，我相信你肯定很有安全感。因為你會知道他身邊所有親朋好友的大小好壞事，也會知道他自己做過什麼不好的事。在這樣的相處過程中，你會成為最瞭解他的那個人，慢慢地在這段感情裡，充滿了完全的自信，這就是所謂的安全感。畢竟大部分的男人是不愛聊天的，當自己對這個男人而言是特別時，就會生出對這段感情的踏實感，也就是所謂的存在感。

不過同理反推，如果這個「不被接受的事情」對方突然不願和你分享了，那肯定是因為這個「不好的事」是「對『你』不好的事」，通常內容大致上可能分為兩種：

一、要麼就是壞事（如：偷吃、外遇、殺人、放火、偷竊等）。

二、要不就是一個他不想讓你知道的事（不見得是見不得光的事；通常這種「不願意讓你知道的事情」肯定牽扯到雙向情感，所以才不願意坦白）。

此時就會有一種立場叫做「『不說』不等於『欺騙』」，他們認為這是

「善意的謊言」，一切都是出於「在乎」。這也是為什麼我們會常聽到男人對女人說：「我沒有騙妳呀？不跟妳說就是怕妳想太多……」

只是在女人的觀點裡，一件會怕人想太多的事，那這案情肯定就不單純、事情絕對有蹊蹺、明顯有古怪……，最後往往為了圓一個「因為在乎的善意謊言」，然後用成千上萬個「不說」去掩蓋，自以為善意的謊言是為了不傷害，但其實傷害的裂痕早已存在，只是在等待時間的瓦解。

哪門子的在乎？這就是親手創造的悲劇。

●你的在乎可以有所隱藏，我的在乎顯得特別無力

女人偶而會想著「等他想跟我說時，他自然會跟我說囉」，偏偏在等待的時間裡，又被成千上萬個「不說」裡消耗著信任，漸漸地懷疑起兩人的感情。時間一久，也開始對這段感情失望了。偏偏無奈就無奈在，一旦太過主動戳破這些「不說」，帶給對方的只會是壓力，卻也無助於兩人間的情感。這就是人

性，不管是你我他，會失落都是無可避免的。

總歸都是一種願與不願的情緒。男人終是會繼續用「不說，是因為怕妳想太多」的理論，來表明「在乎」；而女人若是「在乎」，不是接受他的不說，就是遠離，如此簡單。只是女人這般理解式的體貼，自虐式的在乎，卻是一個怎樣看都不合理的公式。相較之下，「男人的在乎為的是自己輕鬆，女人的在乎是為了對方輕鬆」。那麼走不進的世界就不要硬擠了，難為了別人，作踐了自己，何必？

至於那些習慣說謊的男人，不管出發點是善或惡，也許只是因為懶得解釋，也許只是為了不讓女生胡思亂想，或許是不想讓女生看到自己醜陋的一面，更或是男人的智慧不足以解釋他的苦……，你問我錯了嗎？也許沒有錯，但肯定是自私的。

因為不管真假，習慣性說謊這一招，無論在過程或結果，永遠無法是完美的。男人得到了短暫的快樂，但讓愛你的人難受了，就是自私。

「付出」禁不起永遠「隱藏」

不管是男人對女人，或是女人對男人，雖然「不說」不等於「欺騙」，但是人的「付出」禁不起永遠「隱藏」。你用了好多個「不說」，去圓一個所謂「自以為是在乎的善意謊言」，最後失去了「在乎自己的人」，這到底值與不值，該說是自己太笨？還是認為對方太傻？都只有自己知道。

雖然「不說」不代表「欺騙」；但「善意謊言」確實是種「隱瞞」；所以「不問」不代表「不在乎」；有時候「假裝不知道」是隱藏起來的「在乎」。

因為我知道，倘若「坦白」是你的安全感；你失去安全感，便是失去自由，而你便不是你。那麼我也知道，你的「隱瞞」是出自善意；你也許沒有想要傷到人，但或許會傷到情，傷不起的終究是那顆心。

我期待哪天有人用相同的方式對你，你便會瞭解到，何謂傷心，就是傷透了心。縱使你依舊以為：我「不說」是因為在乎你，怕你想太多！但是親愛的：你不說，其實女人都知道……。

分手後不當朋友

什麼都需要練習，不回頭也是

關於分手

女孩說：「當初說要當朋友的是他，現在把我從好友名單刪除的也是他！」

我聽過不下千次這些分手後鬼打牆的糾結，說出口的安慰話連自己都快背起來了，心疼朋友的同時，責備的不是誰，而是老天爺本就賜給我們一顆擁有七情六慾的心。

我從不認為分手後能夠當朋友。當然你可以繼續在乎著對方，但是不代表你們會是朋友；你可以繼續愛著他，但也不代表你們是朋友；你可以繼續關心著他，但你們怎樣都不會是朋友。就算真的可以成為朋友，也不可能是立刻轉換成麻吉關係吧，少說也要來個年頭吧。

你問：「為什麼不能是朋友？」

我說：「因為喜歡過，所以不能當朋友對待；因為放在心上過，所以不能當陌生人對待；因為在乎過，所以也不會當仇人對待。想來想去就是把他歸類到『不是朋友的重要人』名單裡，我想就是熟悉的陌生人名單裡吧。」

張愛玲曾說過：「分手了還可以當朋友只有兩種可能，一是兩個人從來沒有真心愛過，二是至少有一方還願意默默地為對方付出。」

所以分手後能說出「我們可以是朋友」的人，一種大多是帶有虧欠之意，心想著分手能夠體面就不用說抱歉，充其量也只是想讓自己良心好過些。而會相信這種X話的人，期待這種詭譎「友誼」的你，想以「前任情人，現任好友」這樣的角色留在對方身邊，心中到底又是揣著什麼樣的心思與期待而與對方相處呢？我就不明說了。

總之，站在人性情感慾望面，我不信兩個人分開後就可以直接轉換成密友狀態。如果分手後真的能馬上就當朋友，除非一開始雙方就是認定彼此只是玩玩的陪伴，那也難怪分手後心裡除了坦蕩，哪裡會有疙瘩。不然這是在演哪齣互相理解友愛的戲呢？如果將來的某一天，終會成為互相祝福的朋友，那又何必急於此時呢？大部分分手後的關係，更多都是希望「互不相連過一生」。這不是殘忍，這是人性面對情感的自我保護，這也是「分手後的愛情」。

什麼都需要練習，不回頭也是

聽過太多的故事、也擦拭過太多人的淚水。分手可以有很多藉口，但這些藉口的背後只有一個答案，那就是「不愛了」「不喜歡了」。

有人談著貌合神離的戀愛，心裡想著分手卻又開不了口；有人看似擁有堅定不移的愛情，私下卻沒安分守己；有人享受黃金單身的生活，卻又愛玩留情的遊戲；有人愛得用力不願分手，卻不得不淚灑離去；有人嘴裡說著分開，卻拖泥帶水連他人的心一塊帶走；這麼多的心碎告訴我們幸福沒那麼簡單，但也正因為不容易，該我們的就會是我們的，不該是自己的強求也求不來。

我們誰都沒有理由去委屈對方維繫這種「看似體貼，實則殘忍」的情分，誰也沒有權力能強迫你去扮演知己前任好朋友。然後聽見對方另有對象時，還要假裝獻上大方祝福。既然不愛了，就別繼續彼此消耗了。做不到的事情就不做，喜歡不了的人也不要喜歡，如果這麼容易放棄，誰都沒有難題，分手本來就是需要練習的，不回頭也是。

要知道，從情人到朋友，身分的轉變代表著新的邊界感建立。從安全距離，到聯繫頻率再到言語親密程度，都是需要掌握有度的。一旦超過了邊界，要麼淪為備胎，要麼成為小三，不論是對方或自己以後有了另一半，都會介意這個朋友的存在。

會痛，代表你用心愛過；不甘心，代表你真心相待。分手後就要換個角度想：一種遺憾一種美，有些人，註定只能活在自己的遺憾裡。分手後不如就兩清，做回路人甲乙丙丁。

會痛，代表你用心愛過；
不甘心，代表你真心相待。

失戀沒有特效藥

理由都是假的，唯有分手是真的

關於失戀

想當然，S還沒走出那個「習慣說謊的男人」的陰影，她拚了命去挖出更多更多的內幕、更多更多的偷吃、更多更多的不堪、更多更多的Details……一次次的去核對每次的欺騙、每句謊言的時間點……。

然後打電話來和我說：「妳知道嗎，他早在什麼什麼時候就已經怎樣又怎樣了……」「那他為什麼那時候還會對我說那些好聽話？」「原來他一直都在騙我……」

我通常都不會太客氣地回：「知道那麼多，對妳有什麼好處？」「偷吃一個，也是不忠。偷吃十個，還是不忠！」「妳不斷的去Follow他的事情，為什麼不斷絕所有聯繫，就忘掉這個人吧。」

S回答我：「我必須知道更多他的不好，才能不斷說服自己忘記他的好……。」

所以她還是繼續留著前任的所有社群軟體、以及通訊聯繫方式，留意著所有他的動態、所有對話，然後繼續影響著自己的心情。

在她的認知裡，不斷挖掘出對方的醜陋面，就是失戀的特效藥。因為這樣就可以讓她忘掉他的好，然後記住他的壞；不斷讓自己在這個人的世界「下」（還不是「世界裡」唷）獨活。我想，這不是特效藥，也不是退燒藥，連舒緩不適的功能都沒有，也無助於病情，妳以為只要燒退了，就會好，反倒是燒太久，燒到變腦殘了（嘆）。

理由都是假的，唯有分手是真的

親愛的，所有失戀的人都有同一個問題：「到底怎樣才能不這麼痛？」殊不知，失戀可是痛苦指數極高的心路之一，那就像是生離死別般無法讓人接受。通常外表看起來毫髮無傷，內在卻早已殘缺崩壞；有時候嘴角明明是在微笑，卻連呼吸都感到疼痛。

妳問我：「怎樣可以不痛？」

那我告訴妳：「沒辦法。」除非妳從來沒愛過。

如果失戀了沒有悲傷，那這段戀愛大概也沒啥味道可言。失戀越痛，也代表著你愛得越深；相同地，對方若是復原地越快，或許也代表著他對這份愛的投入，也許沒有妳想像中的深。

妳不懂「為什麼會變成這樣？」「我到底在他生命裡算什麼？」不，這時候什麼都不重要了，不要問為什麼，沒有為什麼。所有理由都是假的，唯有分手是真的。

●分手也是門藝術

從前年紀小，總認為天下事都該有因也有果。只是歲數長了，談了戀愛，也失過戀；被傷過，也傷過人，早明白「因果關係」是不存在於感情世界裡的。總不可能「因為我喜歡你，所以你也要喜歡我⋯」「因為我對你好，所以你就要接受我的好⋯⋯」光是這理由，就要別人對自己的情負責，也是挺自私的。

所以，若要說個定律，「情人間的愛」是最難讓人無法摸透的情感。畢竟他不愛了，你別無所選，只能接受。

為什麼不愛了？沒有為什麼。興許連當事人都不知道為什麼呢。但為什麼當初兩個人在一起需要雙方同意，但分手只要一個人說了就算呢？所以才說是藝術嘛。

人之所以會編出無數個情非得已的分手理由，都是因為「不愛了」最難讓人看清。任何相愛過的人，都很難對對方說出：「我不愛你了。」因為當接受到此訊息後，任誰都會放任自己的思緒在「為什麼」三個字裡鬼打牆，開始不死心的追問：「怎麼了？我哪裡做錯了？發生什麼事了？昨天不是還好好的嗎？」

最後，對方一定會用一個（或一些）理由來說分手。或許，那個理由都只是一個分手的燃點，根本不是主因。但是不管再怎麼把分手合理化，其實背後

就只有三個字：不愛了。

因為不愛了，曾經喜歡妳的獨立自主有主見，如今成了無法溝通的強勢；因為不愛了，曾經喜歡妳的活潑開朗好人緣，如今成了沒有安全感的主因；因為不愛了，曾經喜歡妳的撒嬌依賴傻呼呼，如今成了幼稚無知的笨女人。

就是因為不愛了，所有外力，全成了阻力；都是因為不愛了，所有優點，都變成了缺點。也許殘忍，但卻是事實。

那感覺好比說一個人死了，當下或許會去在意或探討死亡原因：他是肺癌死的。不可能呀，他又不抽煙？生活作息也很正常……。他是酒駕車禍死的。他幾乎不喝酒的，就這麼一次就出事了……。

但是，死了就是死了，不管你怎麼大哭大叫喊著：「為什麼？」沒有為什麼，就是出事了，心臟不跳了，死了，死了。十年後你想起的就是他死了，他走了。至於原因，已經不重要了……。

愛情也如是，他的「心臟不再為你跳動了」，因為他「不愛了」，所以離開了。十年後，就是分手的前男（女）友，甚至想都想不起來了，其他的，也不重要了……。

●●或許不是愛，只是紀念悲壯的愛情

現在的你不斷替他找理由，不斷說服自己付出的愛有多多，其實，只是不想失去。不想失去難道是因為愛？那麼到底要有多愛？愛到情願讓自己痛下去？到底有多愛？愛到連你自己都看不見？愛到連他都不願意珍惜這份愛？愛到你喪失了尊嚴和原則也要愛？

也許，這真的不是愛。你要的只是別人陪你一起紀念自己這悲壯的愛情。但請相信我，這世界的現實寫出來的動容，絕對比你幻滅的劇本還要精彩，不然心痛就不會比快樂還要感到真實了。

因為妳對失戀的投入，比對戀愛的投入還要傾心；因為妳忘了，真正好的男人，只會讓你對戀愛感到熱情，根本不會有機會讓妳對失戀傾心的。

所以，感情過了賞味期限，請什麼都別留。我們都知道青春走了就不再回頭，只有智慧與經驗才會讓我們幸福。如果這是因果循環，貪心不了也捨棄不去，就算是狼狽中學到教訓，咬著牙也請讓自己好。

我知道傷口需藥敷，但也只有「時間」是治療失戀唯一的藥。我特別喜歡哈林庾澄慶一曲《春泥》裡，由伊能靜填詞裡頭的一句：

「那些痛的記憶，落在春的泥土裡，滋養了大地，開出下一個花季。風中你的淚滴，滴滴落在回憶裡，讓我們取名叫做珍惜。」

所以，別在愛的時候，找對方不愛的證據；卻在不愛的時候，找對方愛的痕跡。現在的妳，也許失去了一個不愛自己的人；不過，他卻是失去了一個愛自己的人。

那麼現在正是時候為下段戀曲學會「珍惜」。

輯四

家人之名

是伴　　給 需要設下界線的你

催婚的本質

我知道你的出發點是好的，但你先別出發

關於結婚

「木木這麼有個性，父母應該不會著急妳的婚姻大事吧？」

你們在說什麼？過年期間我大多是靠兩眼發直瞬間入定，仰賴著意志神遊飄離親戚家人的連環轟炸好嗎。

阿爸經常帶著無奈的語氣對我說：「我和妳媽媽真是想不通，妳怎麼到現在還沒結婚。」「每次黃叔叔問起來，我都不知道該怎麼回答，感覺妳是沒人要似的。」「妳身邊不是有很多男生嗎？難道就沒有一個妳喜歡的嗎？」「遇到真心不錯的，就考慮一下，別太挑剔了……」

每當和媽媽通電話，總會在不知哪個轉折點勾起她的憂傷：「我和妳爸現在最擔心的就是妳。」「除了妳，沒有人可以照顧了。」「如果妳再不結婚，將來我們不在了，我們就擔心妳只有一個人。」

奶奶也常常對我反覆說著：「女孩子一定要有孩子……」「就算不結婚，也一定要生一個小孩……」「那時候奶奶生病，都是妳爸爸在照顧我……」

親朋好友也會不斷調侃：「妳是不是不婚主義呀？」「妳能力太強了，所以嫁不出去。」「妳太獨立了，男孩子可能不會喜歡這樣。」

最終，父母總會特別感嘆：「妳太自私了，我們的出發點都是為妳好，只有結婚了才算幸福。」哎，我知道你們的出發點是為我好，但是你們可不可以先別出發……。

●看不見的壓力期待轉嫁

典型的傳統亞洲父母，催婚的本質就是在找個人「兜底」，像是一種「責任轉嫁」。

在大中華的儒家思想中，父母對兒女有養育的責任，只是在你成立新的家庭之後，「照顧」成了配偶的責任，不再是他們的首要任務，因此，也能減輕他們（心中）的負擔。那感覺就像「子女的婚姻」是為了：

（一）抵禦風險——

父母催婚是擔心自己的子女未來沒有依靠，像是明白自己終會生老病死，才擔心子女若是沒有依靠，以後就會過得孤獨辛苦，若是發生了什麼意外或病痛時，沒有人可以照顧。但事實上，想用依靠伴侶帶來的踏實感，才是最不踏實的。

（二）子嗣傳承——

這應該不用我多說，往大了說是為了人類繁衍，往小的說是為了留下基因，反正父權體制下的社會「不孝有三，無後為大」。先不論有沒有生兒子，就像是死後沒留個人祭拜，讓列祖列宗成為孤魂野鬼就是你的罪過了。

（三）責任轉嫁——

也許是無心，但是多數父母總是會說出「趕緊把妳嫁了，我們的任務／責任也了了」這種話。我常在想，到底是誰給他們壓力了？就像那一句「嫁出去的女兒潑出去的水」，一旦沒在期限內將自己給嫁出去，女兒的婚姻在父母眼裡便不再是為了個體幸福，反而更像是一種責任轉嫁。為什麼我不能對自己負責就好呢？結婚若是一場考試，交答案卷的難道不是只有我自己嗎？

一旦選擇，落棋無悔

在我的思想裡，我能賺錢養活自己，我能為自己的快樂買單，我的喜歡和愛戀可以不需要任何條件和理由的存在，那麼，如果硬是將兩個人湊合在一起，卻不如我一個人的快樂，實在是找不到任何理由去勉強自己尋找一個伴侶共度餘生。我不認為單身時間太長就應該要談場戀愛；我拒絕接受僅因為歲月催人就匆忙挑選伴侶；我不願因為父母的焦慮而草率地步入婚姻；我更不想在朋友紛紛擁抱婚姻和育兒生活時，感覺如果不快一忙些就會失去生育的機會，而急地去找人「捐精」……。

我不希望自己的心動是因為一些外在條件而泛起漣漪；我不想僅是因為「需要」戀愛而去結交新的朋友；我不願為了遇見潛在的另一半而改變自己的

社交方式去討好別人；我更不想為了滿足父母的期望和社會的眼光，而非出於真心去追求愛情……。

這並非是選擇不婚，也不是因為心理創傷，更不是故意與眾不同。我只是希望自己的喜好純粹不受外界影響，忠於自己的感覺。畢竟愛情，特別是婚姻，是全人類生活裡面最不能被催促的事情，就該是屬於我自己的理智派浪漫，如此而已。

再說了，我要跟這個人朝夕相處，還要分這個人一半的資產，我們可能會共同孕育下一代，甚至對方還擁有我在手術台上昏迷不醒時，決定要不要繼續動手術的權利，相當於我把一半的命都交給了他，又怎麼能只是因為「適婚年齡到了」或「父母催促」的外部壓力，就草率地做出決定？這豈不是如同考試急著交卷，不願留白而隨意在ABCD中選一個答案一樣嗎？

我也能明白父母急於將孩子推向婚姻的殿堂，多半是因為他們受限於一些陳舊的觀念，急切希望轉移那種承受不了看到我不幸福的內心壓力。若我也無法承受來自他們的這份壓力，而在焦慮和慌亂中隨便找個人結婚，那麼，親手翻開這幕「可能」不幸劇本的人，就會是我自己。這樣的決定，不僅違背了我對幸福的期待，更是對自己未來「可能」的遺憾埋下種子。

一萬句「為你好」不如「我在乎」

有些觀念是根深蒂固的，大部分的人終其一生都很難改變父母的想法，亦很難輕易割捨血緣關係。即便在一個家庭裡相互愛著彼此，真相卻是大家沒有看見真實的對方，也沒有真正進入過對方的世界，我們能做的就是調整自己的心態，堅定心智。

（一）守住自己的邊界：不要因為任何外界的因素就妥協找一個不喜歡的人而結婚，不要為了結婚而結婚，守住自己的邊界，自己的婚姻自己決定。

（二）實現自我獨立：（1）經濟獨立：擁有經濟基礎和賺錢的能力，不用依附他人，更能去追求自己想要的幸福。（2）人格獨立：父母和子女間是彼此獨立的人，任何事情需要自己獨立進行選擇和判斷。

（三）**為自己的選擇負責**：無論結婚、不結婚、和誰結婚、什麼時候結婚……，這些都是自己需要負責任的決定。讓父母明白你有能力為自己的選擇負責時，他們自然也要慢慢地去接受，你有沒有結婚都可以把日子過得很好；即便是後悔，你也能為自己的選擇承擔起人生。

我們都要明白，人生的道路從來就沒有一條標準答案，婚姻也不是人生的終極追求，也許我們大家都一樣，一路都是這樣背負著滿是善意的誤解和扭曲的期待負重前行的。只是真心的付出並不需要標以愛的名義，純粹的「為人好」可以表現在每一個小小的行動裡，對方一定可以感受到在乎。所謂的犧牲和放棄，都只會讓彼此有壓力，真的沒必要。各自的路該怎麼走就怎麼走，就是拒絕以愛之名的捆綁。

理念衝突很正常，也不需要期待父母去接受現代思想。我們既然會有自己的選擇，他們當然也會有屬於自己的理想。認為是對的，就去堅持，更何況很多事情本身並沒有對錯之分，不過都是生活的一種選擇，有人妥協，有人繼續堅持做自己，就是不要用精神式的謀殺來逼迫別人接受與理解。

曾經有人說，「結婚是為了幸福，離婚也是。」那麼同理，「單身也可以是幸福。」

現在單身的我，很幸福，我很喜歡這種狀態；哪天我遇到那個想要分享生活、結伴同行、互相取暖的人，那麼，我就會選擇兩個人的生活。而這，絕對跟年紀無關，也跟其他人無關，就只是，我想而已。

人生的道路從來就沒有一條標準答案，婚姻也不是人生的終極追求。

不是不回家，只是找不到回家的路

就當流浪是為了回家

關於回家

「你多久回家一次？」總有人這樣問我。

一年又一年，回家的頻率是越來越低了。才發現，每個不想回家的人心中都有屬於自己難言的故事，但故事的背後都有一個共通點：「回家」成了一件有壓力的事，是藏在內心深處的一種情緒，是矛盾又糾結的一種心情——「害怕回家了」。

還記得在國外唸書時，每到過年過節，總是特別想要「回家」。那時候的心情，是因為漂泊在外，可能因為忙，可能因為窮，可能為了生活或夢想，所以回不了家。那是因為還沒有功成名就，只能用思念換夢想，所以不能回家。

只是我們從吃糖的孩子變成了喝酒的大人，話題也從成績變成了房子、車子、孩子，我也許沒有成長為家人眼裡被期待的完美大人，過年似乎也不再是最純粹的快樂。越是長大，回家的路似乎變得越是力不從心。原來不是不回家，也不是回不了家，而是自己找不到回家的路了。

即使我人回去，但心進不了家門

家是這麼一個神奇的地方。每次回家的瞬間，我的心情無疑是喜悅的，可不知為何，這份喜悅總會逐漸轉化為壓抑。而當我再次離開家門，心中又會泛起複雜的情感，五味雜陳的。直到我回到那個大城市裡的蝸居，儘管簡陋，我才會感到一種釋然——終於回到了屬於我一個人的小天地，自己的家。

儘管如此，我還是不會忘記自己真正的家。因為出門在外，就會要記得「打電話回家」。但是面對父母的關心與期望，我偶而會害怕接聽他們的電話，也會抗拒回他們電話。不是不掛念，而是有些話難以啓齒，有些情緒沒必要表達。我知道他們關心的不是我的日常瑣事，他們只想知道「我過得好不好」。

他們有時會提議：「不如搬回家住吧。」我知道他們並不是認真的，因為他們明白我不會同意，家裡的客觀條件也不允許。他們並不真正希望我搬回去，只是擔心我一個人在都市的小屋裡過得不好。

在他們的世界裡，女人的一生最重要的就是吃好、嫁好。如果我過得不夠好，他們總會歸咎於我沒有好好找男朋友；如果我生活不順，肯定是因為我不好好睡覺、吃飯或照顧自己。在他們眼中，獨自一人就意味著無法照顧好自己。在他們心裡，我努力追求的獨立靈魂和思想，成功事業和自由人生，並不是什麼大事。即使我拚命努力，只是為了讓他們看到我也能優秀，但遺憾的是，他們看不到我今年比去年有多少進步，他們只關心「交男朋友了沒有？」不論我有多麼出色，只要我還是單身，似乎都不能讓他們真正感到驕傲。只有當我既出色又嫁得好時，我才是那個完美的女兒。

這就是「家」，可以瞬間摧毀你多年好不容易積累起來的一點寶貴的自信。

他們可能永遠不會理解，即使再辛苦，再累，常常加班到深夜，一個人的蝸居反而比回家更讓我感到踏實。在這裡，我能清晰看見自己的努力與成就，知道自己至少不是一個庸碌無為的人。他們也許無法領會在陌生人面前，我甚至可以更自由地表達自己，真實地流淚，而不是在他們面前戴上面具。雖然這裡空氣並不是最好，房子也不寬敞，交通擁擠，但我遇到了許多有趣的人，體驗了城市的不斷變化。也許，我不是不想回家，只是想知道，也許我再努力一點，眼前的風景可能會有所不同；也許不是家裡不好，也不是城市更加繁華，而是我想看看自己最終能成為何種人。也許，我不是不想回家，而是還在尋找回家的路。

面對「家」，我們每個人都有自己一生的課題。所以無論是物理上的距離也好，心理上的距離也罷，回家的路從未是平坦的。也許有很多人都跟我一樣，回不了家，或是還在尋找屬於自己的「家」。

當世界紛紛擾擾已足夠令人疲憊，不論是與父母的隔閡、厭倦了親友的閒言碎語，還是曾經熟悉的人變得陌生，好友關係出現裂痕……世界上沒有理想的子女，也沒有完美的父母，但每個人都在期待一個「理想的家」。我們終將學會理解：理想中的家只存在於心中，而不是現實生活中。所以，無論是少年時期的甜蜜還是成年後的苦澀，即使過年回家的團圓已不再純粹快樂，當新年的鐘聲敲響那一刻，我們就繼續攜帶著自己的信念、渴望的改變，一步一步地努力前行。

我們流浪，不就是為了回家。

最好的婆媳關係

我不奢望妳把我當女兒，
但是把我當家人有這麼難嗎？

關於婆媳

媽媽跟老婆吵架了，你幫誰？大部分的男生都回我：「誰對就幫誰，就事論事囉。」最愚蠢的丈夫兒子就是這一種；接下來，最致命的錯誤就是對老婆說：「我媽就是這樣，妳不要跟她計較。」「她畢竟是我媽，不然妳要我怎麼辦。」

「婆媳關係」這個話題本身就是一個假議題，說是婆婆和媳婦的二元關係，卻忽視了它的背後是婆婆、媳婦和兒子的三角關係，本質就是婆婆和媳婦對丈夫愛的爭奪罷了。

兄弟老友和我抱怨著：「老婆生孩子，我媽來照顧，家就鬧不停了。我媽看不慣她大手大腳，在家也不大做家事；我老婆也受不了我媽的嘮叨，特別是在照顧小孩的想法上，兩個人簡直天壤之別。然後每天都在我面前抱怨，我若是偏袒了我媽，我老婆就原地爆炸；我只要一點點護著老婆，我媽就一直說『娶了媳婦忘了娘』。」

姐妹閨密下午茶時說：「我現在發覺我老公根本就是豬隊友。我每次都跟他說『這樣媽會不高興』，他都一直跟我說不會。我那天不小心看到他們家LINE群組裡的對話，看到他媽在群組裡都叫我『那個女人』，一下說我『都不幫忙』，一下『都躲在房間』……，我每次都跟我老公說不要這樣，我老公都說沒關係，重點是他從來沒跟我說他媽很不高興的事，我婆婆在我面前除了比較冷淡以外，也沒有表達過些什麼，我真的快氣壞了。結果他還跟我說『我媽就是這樣，妳不要理他』。」

這時候再來一句電視劇《未來媽媽》孫立芳和婆家爆發衝突時，出現的經典台詞：「我不奢望妳把我當女兒，但是把我當家人有這麼難嗎？」直接道出許多媳婦的心聲……。

●● 媳婦多有邊界感，婆婆就有分寸感

我一直認為太想要追求一段關係的美好，反而會讓過程變得很醜陋。這不僅只是放在其他關係，包含婆媳之間亦如是。無論和公婆關係有多好，都要記

住最好的婆媳關係從來就不是當家人，而是只做外人。婆家的事情，老公自己管；娘家的事情，自己去操心；兩個人家的事情，兩個人自己負責。不用刻意去討好和妥協，也不用委屈自己去維持「家和萬事興」。

我聽過很多姐妹都說：「我媽常叫我嘴巴要甜，多討好婆婆。」她們明明照著做，但是心裡就是很難受；感覺越是讓婆婆開心，心裡就越是憋屈。我和她們說，嘴甜沒有錯，但是該立的邊界還是得立。

嘴甜不等於沒有邊界、沒有原則、沒有底線。當一個人習慣性把注意力都放在解決情緒上，而不是問題上，最後就會導致：（1）習慣性討好；（2）不懂得拒絕；（3）經常違心答應一些請求；（4）當別人觸碰底線，會把底線一降再降。

有次閨密的婆婆又電話來交代一堆事情，我在一旁用平板提示著閨密「溫柔拒絕」並大致寫了可以拒絕的對話方式。

閨密便試著鼓起勇氣對婆婆說：「哎呀，媽這個事您就不要擔心了，我們會安排，弄好了會和您說。」一開始婆婆還是繼續說著：「啊不是，妳不懂……」我就用嘴型對閨密打著暗號，閨密對婆婆說：「好啦好啦，媽我知道了，您不用擔心，我們會處理。」

相信我，演就對了，就說了把婆婆當外人，社交笑容往臉上一掛，一說一笑，走過就忘。

事後閨密對我說，以前她都覺得婆婆很沒分寸感，啥事都要參一腳，但自從那一次之後，她幾次試著表達不需要的態度和立場，發現婆婆開始會跟她保持「邊界」了。婆婆還跟豬隊友打小報告說：「你老婆什麼都不想要我知道，那我就不管啦。」閨密現在覺得她終於可以做自己了。

朋友笑說我一個沒有結婚的人，怎麼會知道如何跟婆婆相處？我說：「母女是血緣關係，婆媳是社會關係。」以前跟男朋友的父母親都相處得很好，也是因為我知道，或許「親如母女」，並非婆媳關係中應該追求的最佳狀態。

如果彼此能有所幫襯，記得回饋；如果沒有也別責怪，這本來就是人性，婆媳之間的緣分，是可遇不可求的。

更不用說，有些婆媳之間的矛盾，本身就是男人與原生家庭之間的親子關係延展出來的問題，媳婦真的都只是附帶受害者罷了。所以這篇的議題，就把重心放在媳婦身上，不把矛頭指向男生了。

血緣關係是生來就有的，親密關係是靠感情維繫的，而社會關係是用心經營來的。婆婆不是媽，媳婦也不是女兒，兒子永遠是兒子。如果說人與人之間最舒服的相處方式，就是我用真心待你，但我不執著於你，彼此感情都活在緣分中，而非關係中。

婆婆若是能夠懂得善待媳婦，其實才是真心為了兒子好。

離婚的女人

別再錯把「可惜」當「珍惜」

關於離婚

Z是我的高中同學，我們畢業後都沒再見過面。但說起來也奇妙，從學生時期開始，我跟她就不是同個圈子裡的人，所以不能算是真正熟識的朋友。不過，生命或許就是這一點特別有趣，人與人之間也許不見得需要的是個性合拍，而是透過很多事情的交集默默牽引著彼此的聯繫。

即便我跟她不曾玩在一起，畢業後我們一直擁有著彼此的無名帳號、臉書、Instagram等。看得到彼此的動態，所以也知道彼此的近況。我們不曾斷了聯繫，但也不曾真正有過聯繫。

前些日子看到她在動態裡寫著：「我是我自己，Z××，Z小姐。Y太太已經成為過去式。」什麼？我連她結婚了都不知道，怎麼就離婚了？

當時我第一個念頭竟然是「果然呀，醫者不自醫」在我心中，一位傑出的社工師不僅需要專業知識豐富，更需要擁有出色的情商和堅韌的心理素質。然而，這個念頭僅在腦海中閃過，立刻被我的理智一巴掌拍死在腦海裡。因為我有意識到，興許就是這種刻板印象，才會對他們構成極大的壓力吧。思及此，我心中反而湧上了一股莫名的心疼感。

在我的記憶裡，她就是那種典型的生活愛好者，對生活充滿熱情，喜歡與人交流，總是渴望學習新事物。從小她就擁有各式各樣的日記本，鉛筆盒裡總是擠滿了五顏六色的筆，喜歡用文字和小紙條記錄生活中的點點滴滴。每一本日記看起來都彷彿充滿了她豐富的內心世界，文字和小紙條在她手中化為詩意，展現她細膩的心思。

高中畢業的那個暑假，她熱情洋溢地投身於救國團等志願服務活動，甚至還邀請我一同參與。隨後，她成功考上了社工系，並積極參與康輔社的活動，更是非常熱衷於舉辦各種營隊和活動，就是對這些學長姐弟、值星官小隊輔等相互扶持成長的事情特別樂此不疲。

「不忘初心，方得始終」，這句話再適合不過了。果然，她毅然踏入社會後，成為了一名專業的社工。到底有多愛幫助人？真、的、很、愛！

拉回正題！

她離婚了。用一則社交媒體貼文來宣告自己自由了。在貼文中，她既表達了自己的心情，也回應了朋友們的關心，坦誠地說道：「我不能說我很好，但我會好好照顧自己，愛護自己。我願意尋求幫助，也願意接受幫助。」同時，她還提到與前夫保持的友好關係，寫道：「他正全心投入事業發展，需要專注前進。如果可以，幫忙推薦一些項目給他，他真的很優秀。我們在某些工作上還是會合作，默契依舊。」最後，她在貼文中不斷鼓勵自己：「聚散離合，一切皆是變幻。我懷著感恩之心，珍惜過去所擁有的。」並祝願：「願我們都能各自精彩，願他能實踐他的期待與渴望，願我能成為我想成為的人。」

總而言之，她的發言就是在告訴所有人：「不要問為什麼，不用擔心我，我會努力讓自己過得更好。」言辭間顯示出對未來的展望，也表達了對現狀的接受，彷彿是最完美的「離婚通知書」，謝天謝地謝大家謝前夫也謝自己。最後，她以「珍惜當下，展望未來」的話結束，字裡行間透露出無懈可擊的完美。儘管看似無瑕，表面的完美掩蓋不了某種難以言說的不協調。

這就是成年人的世界，連療傷都還要展現堅強，連傷心也要保持足夠理性，才能保護自己的感性。怎麼看都覺得實在壓抑，讓人難以感受到海闊天空的自由，這情緒就是反了反了，太不舒服了。

我就納悶了，為什麼每個離婚的女人都要表現出「我很好」的模樣？

●離婚是件傷心的事，但它不是一件壞事

我不認為自己有資格去評斷任何婚姻內的關係，也可能是我對離婚這件事還不太懂，所以就當我在胡說八道好了。看到人們一再用各種勵志語句教導離婚女性「一個人也可以很好」「離婚並不是幸福的終結」「女人不應為任何人而活」「人生沒有什麼難關過不去」「只有透過分離，我們才能更好地相聚」

「獨立是女性最堅固的盔甲」「最大的釋懷是放過自己」……，等等！這時說這些話，是對的嗎？我只知道剛離婚的時候，誰都不能輕視妳的傷心，包括妳自己啊。

沒有人可以叫妳不要難過了，也沒有人可以叫妳別傻了，妳也不應該一直告訴自己要理智、大方和通情達理。管他的！想哭就大聲哭出來，想笑就盡情笑，想喝酒就讓自己醉一場，想墮落就徹底放縱一次。把所有能失去的都失去之後，然後再重新回到起點。

我相信傷心是有保存期限的，墮落也可以是出於理智的。這個世界上之所以有這麼多悲劇，就是因為人總在最需要理性的時候，往往被情感左右；又在最需要感性的時刻，試圖用理性來應對。別忘了，一念天堂，一念地獄，越掙扎，溺死的越快。越是懂事，反而越容易生病。

妳的傷心，也許別人都不懂。但我可以肯定地告訴你：「逃避不一定能逃得過，面對不一定最痛苦；孤獨不一定不快樂，得到也不一定能持久；因此失去並不意味著你這一生都不會再擁有。」真正的意義存在於，你越在意某事，它越能束縛你；一旦你放下，它就會悄無聲息地成為你生命的一部分，自然而然地永存。這就是成長，也才是留在彼此心中的最好方式。

因此，離婚雖然是一件傷心的事，但它不是一件壞事。沒有必要借助各種目標來證明自己過得很好。有些愛，唯有在分開之後，才會明白當初在一起的意義。愛與不愛都很重要，所有一切，就該是為了落幕無悔。

●無論結婚與否，離婚也罷，快樂始終是個人的責任

有些事情我們不願意發生，卻不得不接受；有些人我們不想要失去，卻不得不放手。當明天變成了今天，再成為昨天，當那些人的小事終於不再是你的大事，當日子成為記憶裡不再重要的某天；這時，你只需問自己，在這樣浮誇的年紀，我們究竟揮霍了多少青春在這些傷痕裡？

這世界上，太多的情感是無法強求的，誰也不想用錯誤的路去驗證走錯了路。很多東西因歲月變淡，卻在回憶中變濃；很多感情能經得起風雨，卻抵不過平淡的日子。我們唯一能夠經營的，只有自己；唯一應當做的，就是好好珍惜自己。你本就熱愛生活，慷慨善良。你的優秀不是由婚姻定義的，離婚更不會改變這一點。因此，無論是結婚與否，離婚也罷，快樂始終是自己的責任。

人間聚散本無常，這一秒是如此，那一秒又天涯；生活百態皆瑣碎，聚攏來是煙火，攤開來是人間。就當是對重情的人而言，所有走過的路，就非得從念念走到不忘。有人變成更強壯更智慧的自己，故而一念成佛；有人變成更猥瑣更不堪的自己，故而一念成魔。而在愛人的過程中，是佛是魔，或走火入魔，都在所難免，我們不都只能在歷盡百劫千難後，才能找到自己。

最後不是一條路的人，走多遠都沒用。現在就用力記得，老了就原諒所有忘記，就是別再錯把「可惜」當「珍惜」了。

孝而不順的人

「為你好」是世界上包裝得最好的髒話

關於孝順

李安在多年前拍完《囍宴》後，說過這段話：「與父母的關係，能夠彼此相愛就夠了，不必製造一個孝順的階級觀念。」

他講的是親子關係是平等、尊重、互愛的，不是上對下的階級關係，不是小的就一定要順從、服從大的，不是老的就一定是對的，也不是年輕的思想就是錯的。他說的是每個人都是一個個體，你都要尊重他，他的性取向、他的愛好，他的任何東西你都要尊重他、接受他，這是和平相處的一個基準。

真是說進心坎了。

我一直覺得傳統的孝順裡面有太多「應該、必須、不得不」的壓力，就像是只要你不這麼做，你就會被旁人冠上或投以不孝的眼光，就算沒有旁人的評價與對待，自己的內心也不時會冒出一些莫名的罪惡感，覺得自己是否不孝、是否過於自私，最後不僅只是家人對自己情緒勒索，連自己也沒有放過自己。

「孝順」，原指愛敬天下之人、順天下人之心的美好德行。後多指盡心奉養父母，順從父母的意志。這一個大家從小聽到大的詞，只因「孝」後面跟著一個「順」字，似乎順從父母的意志就是「孝」的根本，而孝順也成了評判一個人品格的標準之一。

但，我們與父母之間，不更應該是「愛」嗎？我愛他們，所以「敬」他們，不代表就要「順」了他們。孝敬，才是我心中的孝。

可是東方儒家思想的教育並非如此。從小我們就被要求學會聽話、順從父母，聽話的孩子就是好孩子。可隨著年紀的增長，孩子有了自我的認知和思想，開始學會思考；有了追求的目標和夢想，於是出現了「叛逆」與「反抗」的舉動。

然而，「叛逆」與「反抗」大抵都是階段性的，我們也都習慣用「成長過渡期」作為藉口替代。當大多數人在體制與社會大眾的壓力下，選擇了接受與順從，繼承父母的期待；有些人則是選擇默默堅持、保持自我，在條件成熟的那一天才開始反抗，於是和父母有了許多情感上的拉扯。

父母不明白，從前這麼乖的孩子，怎麼會變了；但父母不知道的是，這樣的子女即便有了反抗的舉動，也都會覺得自己是不是不順從父母就是不孝，內心感到惶惶不安，覺得自己是不是對不起父母。卻都忘了，「孝」不一定要「順」，而「不順」也不代表「不孝」。

偏偏「孝順」作為一個封建儒家流傳千年的道德論，本質上就是一種強調服從的理論。儒家所宣揚的《禮運大同篇》是展現孔子的理想世界，其中便是期待「使生有所養，老有所終，死有所送」，建構的就是一個尊老愛幼的和諧社會。

在這《禮運大同篇》的世界裡，能成就大同世界，天下太平。沒有戰爭，人人和睦相處，豐衣足食，安居樂業。這是孔子的政治策略，可惜行不通，因為人人皆自私自利的緣故。在這樣的社會下，也許有許多被孝順的老人，但也有很多被孝順傷害的壯年人，並非大同世界的模樣。

犧牲感不是愛，而是以愛之名的控制

這就像是電視劇裡都會有的劇情：能力強大的父母，孝順乖巧的孩子，看似最完美的家庭，父母為孩子做了所有「最正確的安排」，最好的結果就是擁有一個體面而絕望的人生，以及難以體面的扭曲個性。

這種「父慈子孝」的表面關係，看似情感濃度大，愛的能量卻很低。缺少了主觀意願的態度，大多是道德捆綁的壓力。也就是說，我愛你，因為我應該要愛你。

而身邊劇情則是，媽媽每天都希望兒子好，因為兒子出生的月分正好是適齡入學年級的尾巴生，她擔心兒子的學習能力不如人，便想辦法讓他晚讀一屆。同事們問她：「那弟弟真的有不如人嗎？」她說沒有呀，是她自己擔心會這樣。對孩子的教育方式就是壓迫型的緊逼，希望送兒子去唸最好的學校，希望兒子好好讀書，希望兒子可以優秀，然後每天一直不停對他說著：「媽媽睡都睡不好，每天都擔心你⋯⋯」

很多時候父母的付出和給予，本應該是愛的表達，但卻又想要反覆強調自己的付出，反而成了孩子們的束縛和壓力。

也因此「愧疚式教育」的影響往往是滯後的，甚至會帶來很大的反噬作用。讓孩子原本溫柔的個性，變得極端化，要不十分叛逆，要不極度自卑。

這種先表達自己的「犧牲感」，再以此情感作為籌碼，盼孩子會順從和聽話，利用的不就是人因內心罪惡而會去做的補償行為，即是順了父母的心意。

在傳統觀念裡，「讓父母不開心」幾乎等同於「不孝順」的罪過實在太大了。有很多人會願意妥協，但妥協的代價就是「放棄成為自己」。因為「成為自己，按照自己的意願而活」與「順從父母，按照父母的旨意而存」一定會發生衝突。

最後就像是兩個獨立人格之間的較量，結果不是製造出一個痛苦的「服從傀儡」，就是製造出一個冷漠的「受傷靈魂」，代價都是悲哀的。

把父母的生活還給父母

我一直深信，人會自我驅動去做一件不計回報的事情，源自於熱愛，當然也包括親情，愛情等，這是來自人類底層意識的東西。但是愛是怎麼來的呢？是在一來一往的互動中，慢慢形成、累積的。

如果一個孩子，在與家人的相處中，難以得到正向回饋，我不敢想這個愛需要多深厚，用愛驅動去為對方付出能有多久。

也是從這幾年開始，我才真正做到去辨識自己與原生家庭的關係。我學會讓自己鬆弛下來，學會不再被父母的話給牽動情緒，學會與原生家庭保持適當的心理安全距離。願意承認自己不是他們心中最完美的模樣，願意承認這不全是我的錯，願意承認這段關係註定無法完美。

找到那個「邊界感」，把父母的生活還給父母，把不屬於自己的「重擔」卸下去，輕裝上陣。在力所能及的範圍內，報答他們，但千萬別把他們生活的因果都「歸因」在自己身上。

我還沒結婚？不代表不孝；我還沒有生小孩？不代表不孝；我還沒有交男友？不代表不孝；我還沒能讓自己有男人照顧？不代表不孝。

也許孝是應盡的義務，也是對父母的愛，但並不是所有的事情，我們都得服從。而更好的相處模式是，我們是因為愛，開心喜悅，所以願意相處的。親情就該是雙向奔赴的愛。

「付出感」是每個人與生俱來的補償心理，但不代表這就是正確的。正因為「為你好」三個字，是世界上包裝得最好的髒話，我並不是在教大家忤逆父母，我相信孝敬父母是至上的，但真正的愛不該是懷抱目的的索取。更應該是發自內心的付出，低谷時的溫暖，更是人與人之間堅定的尊重與信任。至於無條件的順從，真的就算了吧。

親人間的義氣

「完美」與「完整」不是一回事

關於親情

Ｌ從小家境不好，父母辛苦拉拔他長大，甚至還需要申請政府補助才能過生活。Ｌ特別懂事也孝順，也沒讓父母太過操煩，拿著獎學金上學，同時幫忙照顧妹妹，十幾年過後，如今父母終是望子成龍。

現在的Ｌ已是一家中小型企業的老闆，事業做得風風火火，在臺北也是買車買房過著品質生活，也給父母在南部置產買屋，在親戚之間可有面子了。但是父母並沒有滿足於現況，三不五時就想幫Ｌ安排相親，對外總是吹噓著自己臺北有個大老闆兒子，所以想要一個門當戶對的女孩當媳婦；對內則是時不時就一直在Ｌ耳邊說著，年紀大了想抱孫子。

幾次被迫回南部相親後，在一起好多年的「男朋友」Ｇ還是發現了。二人的關係也是鬧騰了一會兒，但Ｌ還是獲得Ｇ的理解，也安撫好Ｇ的情緒，接下來就是給他自己思考一下要如何處理與家人之間的關係。

這一晚，Ｌ在電話裡突然和父母出櫃自己有一個深愛的男朋友。碰！晴天霹靂，觀念保守的Ｌ父母的天就像是要塌了，完全不能接受自己的兒子喜歡的竟然是男生。爸爸勃然大怒，媽媽就是一直哭，一通電話，雞犬不寧。

隔天L的妹妹打電話給他：「哥，你還好嗎？」

L平靜且溫柔地對妹妹說：「沒事的，早晚都有這一天。我剛從公司出來，晚一點就回去。」

沒想到妹妹慌張地對他說：「我正要跟你說這件事，爸媽上臺北去找你了。」「我本來想勸他們的，想說不幫他們訂車票就好@#$$%︿&*」L的腦袋頓時一片空白，也沒聽妹妹在說些什麼，最後只回道：「……知道了，我來聯絡他們。」

妹妹馬上接著說：「哥——，你是不是跟爸媽說G就是你的男朋友？你千萬不要讓爸媽去找他呀，我怕媽媽那嘴巴，肯定會說些很傷人的話。」

沒錯，G是L的高中同學，G的父母也認識他。他們二人相識二十年有餘了，但彼此是在三十歲以後才走在一起的。G，則是我的GAY密好友。

妹妹猜的一點都沒錯，L爸媽上臺北第一件事情，並沒有聯繫L，反而先找了G。他們約在咖啡廳見面，我坐在遙遠的一桌，陪著。接下來的對話就像是戲劇裡會有的台詞。

點好咖啡以後，L媽先開口說話：「小林啊，你也許從小家裡就富裕，但我們家不一樣。你不要看L現在過得還不錯，但我們家是苦日子走過來的，L也是好不容易才有的今天。他爸爸從前每天只睡兩個小時，一天只吃一餐；每天開車到工廠，停下車後空調都捨不得吹，只能跑到別人倉庫裡睡一會兒，就熱醒了。三十六度的高溫下，中暑了都捨不得休息，就怕L以後像他爸那樣……以前我們都不怕吃苦，教育L努力讀書，就是為了避免他走我們走過的路，吃我們吃過的苦。」L媽的眼眶越說越紅，聲音也哽住了。

L爸開口：「行了，說這些幹嘛。」接著看向G，口吻並不嚴厲，卻很篤定，「小林，我們不是來責怪你的，你也有父母，自己家的孩子自己管，我們沒資格替你父母教育你。你很好，但我們家不同意，你不用跟我們解釋任何原因，誰對誰錯我們也不想聽，你可以當我們老古董，冥頑不靈，什麼都好，但只要是我還活著一天，這事不要再提。」

狗血劇情就不細說了，最後阿姨還補上：「小林，你不要跟L說我們來找過你。就當阿姨求你了，你不要跟L在一起，你什麼都有，可以選擇的東西太多了。但是L從小苦慣了，我們不希望他連感情也要被人指指點點⋯⋯」

親人才是最該講義氣的

等他們離開後，G換桌來到我這裡坐下，我把水推到他面前：「這種事你要理解。」他先是大嘆一口氣，不知道是終於放鬆了，還是太過難受了。

他故作輕鬆道：「我理解，不是誰家的父母都能心平氣和的接受。本來人家打算找個兒媳婦回去的，誰想是個女婿。」

我一邊招手請店員來幫我們加水，一邊回：「我說的不是這個。」基本的道理大家都懂，我心想著換個角度切入吧。

「我覺得他爸媽很不夠義氣。大家都說做朋友要講義氣，做夫妻要不離不棄，不過怎麼都沒人想到，做親人才是最該講義氣的。總說關係之間就是價值交換的事，孩子養大不容易，但他們（父母）也不是沒有要求：一方付出金錢和精力，提出心理預期，另一方接受並且照做，取得成績，給予回饋。遇上開明的父母是上輩子燒了好香；遇到不講理的，孩子就只是個乙方，兩邊合作關係而已，但最終解釋權都在甲方身上，乙方連個解約權都沒有。」「L能有今天的成績，雖然爸爸媽媽沒有功勞也有苦勞，但我不相信他這麼努力真的只是為了爸媽望子成龍的心願。難不成他之後的生活，也一定要按照他爸媽的期待走下去？現在只是為自己的將來選擇另一半而已，他家裡可以不喜歡，甚至不贊同，那未來還有多少事會這樣？每次都反過來用親情當籌碼要挾他，實在不仗義。反正別告訴我，他們一點私心都沒有，全都是為了孩子好，我不信。」

「親人之間要講義氣」不是大家常聽到的言論。因為有些人的家裡總是無條件挺自己的孩子，這是很理所當然的事，所以對G來說，他的家一直以來讓自己感到幸福，於是從未往義氣方向去想過。事實上，大家都只會用嘴說，有福同享有難同當，但真正能做到的又有幾個？

我也曾主動向至親求助卻換來無聲的回應，那心情之複雜，是難以言喻的悲憤。後來我就明白了，「親情之間」也關係著價值交換，有些人還是把身家利益，面子名聲放在親情前面的。畢竟，不是每一個人都是講義氣的人，包括自己的父母兄弟與姊妹。

把生活的不如意轉嫁給孩子，也是一種暴力

「而且用『自己的痛苦』來教育小孩，把生活的不如意轉嫁給孩子，實則也是一種暴力啊。孩子小小年紀，就需要共情父母的痛苦，先是失去了『身為孩子』的那份簡單快樂，連稍微放鬆一點點，就會無比愧疚一樣。」

這就是許多父母常會用的「愧疚式教育」：透過訴苦、示弱甚至自虐的方式，情感綁架孩子，讓孩子感到愧疚，從而達到讓孩子聽話、控制孩子的目

的。但是這樣的孩子，真的會聽話嗎？

只是家家有本難念的經，清官也難斷家務事，最難斷的就是不犯法的事。我們跟家人聊尊重，他們跟我們聊道德；我們跟他們聊幸福，他們跟我們聊痛苦。小時候成天警告我們做錯事要後果自負，現在明明能自負了，他們又硬要把責任扛到自己身上去。那又能怎麼辦呢？

血緣是難以切斷的關係，感情是可遇不可求的緣分。就像是生死關頭依舊「不離不棄的朋友」一定存在，但這是「可遇不可求」的，不是每一個好朋友都做得到，也不代表做不到的就不是朋友；因此，不是所有親人就一定會無條件的相挺與付出，「完美」與「完整」從來就不是同一件事情。有的時候只要這樣想，心裡應該會好受很多。

當然，一開始覺得是人之常情的事，但人間清醒過後，估計也是會抑鬱一陣子吧。

自己是灘爛泥，還恨鐵不成鋼

有些事情一輩子就會是無解題，一旦糾結了，浪費了時間，浪費了生命，最後一樣是一頭空，怎麼說都不值得。很多問題聽起來都是挺心酸的，可我也只能鐵石心腸地老實說：「你自己的心智不堅定起來，誰也幫不了你。」

這是無關性別問題的。而是在感情或婚姻中，父母是局外人，愛人雙方才是關係的主體，彼此選擇用什麼方式相處，選擇延續這段感情還是結束它，都是那兩個主體的選擇，而不是父母的。

有的父母會用「你們若是在一起，我就死給你們看。」「你不跟她結婚，以後就不要叫我媽」之類的威脅來逼孩子就範。也許這種方法在短時間內會奏效，可然後呢？

你的世界裡不只有父母，他們的世界裡也不只有你，你們的人生不是圍著他們繞的。你除了是他們的孩子，也是誰的丈夫，誰的妻子，誰的摯友和誰的夥伴。所以，就像你也曾經放過別人一樣，也請「放棄」他們吧。

放棄不等於失去，你依舊接收關心，但別委屈了自己；你仍然允許他們偶爾約束，但也要有能力踩下剎車。讓自己可以是自己，而不是他們心中所期望的那個人。

還是奉勸望子成龍的父母們，孩子不是你人生陰影（缺陷）的繼承者和完善者，孩子是父母德行的第一位受益者或受害者。既然都讓孩子念那麼多書，懂那麼多道理，習得那麼多學問，為什麼依舊想用自己的思想觀念去束縛綁架孩子的心智呢？到底憑什麼自己是一灘爛泥，還有資格恨鐵不成鋼。

道別，
等於死去
一點點

沒有一場永別可以感同身受

關於死亡

哆啦A夢陪了大雄八十年，在大雄臨死前，他對哆啦A夢說：「我走之後你就回到屬於你的地方吧！」哆啦A夢同意了。大雄死後，哆啦A夢用時光機回到了八十年前，然後再次對小時候的大雄說：「大雄你好，我叫哆啦A夢。」

對許多人而言，這只是漫畫裡的橋段，但凡曾經擁有過深情長伴的人，應該也會希望若是有平行時空的存在，這樣的橋段，是否可以無限輪迴在我們的世界呢？

● 沒有一場永別可以感同身受

去年夏天，我經歷了一場撕心裂肺的告別。也許在別人看來就是家裡寵物離去的變故，然而，對我來說卻是一場喪子之痛的艱難回憶。

「從病危那天起，他回家後還撐了兩天兩夜，而時間在那徹夜未眠的兩天兩夜中彷彿凝固了。我知道他很難受，也知道他已經走到了生命的盡頭。

但是你們知道嗎，當我眼睜睜看著他在痛苦中離世，唯一能做的就是緊緊擁抱著他，那是一種這輩子都不會忘記的絕望和無力，至今仍在我的腦海裡記憶猶新。

你明明知道自己最愛的寶貝即將離去，但自己卻束手無策，只能一次又一次地與他告別，承諾著下輩子一定要再見，然後堅定地凝視著彼此眼眸裡的最深處。即便在他生命即將消逝的最後時刻，意識已經模糊，我仍看見他注視著我淚眼汪汪，然後最終在我的手上突然停止呼吸，離開了，直到身體漸漸冰冷……」

失去的痛處，是撕心裂肺的，是難以忍受的。雖然我一直試圖告訴自己要振作起來，但我心裡清楚知道，再也回不到過去了。

或許是想要讓我盡早走出悲傷的心情，阿爸阿母對我說：「不過只是一隻寵物。」「傷心也要適可而止。」但面對死亡，我聽過一句毫無責怪之意的話：「如果你沒有真正經歷過這一切，那麼，你是永遠無法理解這種感受的。」

沒有一場永別是任何人可以感同身受的，什麼是再也見不到了，什麼是今生永別了，什麼是永失吾愛了。儘管生命不斷提醒我們要珍惜當下，那又為什麼我越是珍惜，失去的時候反而更是痛苦難受呢？你站在原地，眼睜睜看著摯愛消逝於記憶深處，卻無法再對他說一聲：「吃飯了！」「來抱抱！」

這就是永別，所有一切平凡無奇的日常，永遠都不可能再一次重演，那些每天屬於我們習慣會有的儀式感，真的都成了遺世感。空出來的沙發位置，永遠都不會再有他的身影。

● 關於永別，我們誰也沒有做好準備

「我們的最終目的不是好死，而是好好地活到終點。」出自《最好的告別》。

我記得在狗兒子年紀漸長的那幾年，親朋好友們總是一直給我做心理建設，要我做好準備。但我發現，也許對於死亡，我們都可以預見，然而關於永

別，任誰都很難真的做好萬全準備。即便是醫生，也會害怕自己做得太少，更不用說對於病人而言，接受自己的生命有限本來就是一個巨大而漫長的挑戰，這是需要向死而生的勇氣。偏偏現實的分裂和痛楚恰恰就是在於：「面對絕症，希望不等於計畫，但是希望卻成了我們的計劃。有時候，盡全力救治也許不是最正確的做法。」

寫到這裡，我很慶幸在狗兒子被宣布病危的那一刻，我沒有讓他經歷任何醫療上的痛苦，而是決定帶他回家，伴他走完最後一程。自然而然地，我也開始思考著自己若是面對離開這個世界的時刻，是否也能夠以自己期待的方式離開，如同狗兒子離開時，循環播放著張學友的《祝福》。在音樂裡輕輕閉上雙眼，像是一場美麗的入睡，留下美好的回憶給大家。這或許也是我心中最完美的告別，也是對自己最美好的功成身退了。

但我深深地知道，對摯愛的人而言，道別，早已死去一點點。能擁有心中最美好的告別，都是極大的奢侈了。

對於死亡，我們都可以預見，
然而關於永別，
任誰都很難真的做好萬全準備。

輯
五

以己之念

是耗　　給 需要解放執念的你

雖然是精神病
但沒關係

別人的不理解，有九成都與我無關

關於理解

有一種疾病叫做「愛麗絲夢遊仙境症候群（Alice in Wonderland Syndrome）」，簡稱AIWS」是一種神經心理學的病症名稱，全球十大怪病之一。這種疾病本身雖然無害，但是大部分罹患AIWS的患者都飽受此症困擾。患者的世界會出現像萬花筒般的幻覺：有時是「視微症」，感覺自己身體膨脹變大，身邊事物變得越來越小；有時是「巨視症」，感覺自己身體縮水變小，身邊事物則變得非常巨大。他的世界就如同愛麗絲身在夢遊仙境一般。

我親耳聽過一名患者自述犯病時的狀況：「我記得小時候只要發燒，看人的時候，這個人不是無限放大，就是無限縮小，完全擾亂了我對這個空間的認識，我怎麼揉眼睛都沒有用。」「比方說，這個人坐在我的面前，房間沒有動，但是他就一直往後退，退到非常渺小，要不然就是這個牆會突然無限放大，事實上到底是怎樣我也不知道，反正在我視網膜上形成的就是這樣一種感受。像是鏡頭的焦距一直在變，一下廣角一下聚焦的感覺……」聽起來是不是非常不可思議，但卻是真實存在別人的世界裡。

我們不是當事者，箇中滋味只有自己最清楚。就像許多罹患精神疾病患者一樣，他的行為與反應總被外界視為「怪人」或是「他好恐怖」。常會有一種不被理解的痛苦，讓他們不得不活在孤獨之中。

他說：「其實這會讓人進入一種對現實的認知扭曲，你會不知道這個世界什麼是真的，什麼是假的。」

當時我默默說了一句：「但你看到的世界也是真的，你也沒有虛假。」

●● 不被燒死最好的辦法，就是活在火中

「症候群」就是在原因不明的狀況下，患者出現的共同性癥狀，既然是原因不明了，所以這篇文章的破題只是想表達，即便是生病都有連醫學也無法解釋的事，就算沒有得到精神病，是不是代表「理解」本身就是一個玄學。

憑心而論，就算是親兄弟鐵哥們，好姐妹親閨密，希望「理解別人」或期待「別人理解自己」那些隱藏在心中所有無以名狀或難言之隱的情緒，本來就

是一件苛刻的事。有些人甚至連自己都不見得很確定心中要的是什麼了，又怎麼保證在每一個感受上都能精準抵達到別人內心深處呢？

大部分時候，我們以為的終究只是我們以為，別人覺得的始終都是別人覺得。就算事情是經由自己的口中親自敘述，也會發現事情光靠語言也不見得有辦法清楚表達感受。因為所有事情只要不曾親自經歷過，太多的情緒反而會被冠以不堅強或矯情的帽子，多多少少都會被加諸各種標籤。越是張口解釋，越是感受到不被理解甚至被誤會的眼光時，也就慢慢學會了沉默。

這個時候也是個關鍵，我們到底是被不理解的孤獨反噬了？還是依舊能夠在自己的節奏裡不被影響呢？

我的人生也是活到這兩三年才懂得這個關鍵，於是便不願再為任何表面功夫付出些什麼了。因為我終於明白了一個道理，這個世界就是這樣子的，很多時候，別人的不理解，有九成都與我無關。內耗走到頭了，也唯有讓自己快被焚盡時，才會發覺不被燒死最好的辦法，原來就是活在火中，浴火而生。

修行不夠，就繼續做修行不夠的事

就當我的座標是在偶然與必然之間，一如既往的極端與絕對。所以在這裡表述的也只是一種態度。從前我總是急於想要解釋或證明，但是這個世界最不需要的就是解釋，看的只有成績。

我們是什麼樣的人，就是什麼樣的人，明明還沒到達某種境界，或者是某個階段，就不要強迫自己一定要成道成仙。老是因為看到「做到這幾點才算真正的×××」「人生最高境界是×××」「真正的快樂是×××」，於是被迫有了這些認知，然後就開始質疑自己：「為什麼我這麼物質？」「為什麼我這麼膚淺？」「為什麼我的內心這麼不平靜？」「為什麼我總是會被影響？」「為什麼我怕孤單？」「為什麼我很需要被人愛？」等，然後強行要求自己改變行為，去匹配一些認知，最後因為做不到，就開始焦慮。

沒必要，真的沒——必——要！

人生是用來體驗、用來活的，不是用來演繹完美的。「認知」只有自己經歷了、認同了，才會自然轉化為行動。而我們又為什麼要強迫自己去做不認同的事情呢？「到時候就懂的事」那就到時候再做吧。如果修行還不夠，也不需要否定現在的需求啊。修行不夠，就繼續做修行不夠的開心事吧，因為這樣才是在修行啊。

所以，就算是精神病也沒關係呀。事實是歷史上有許多的藝術家、音樂家和科學家等不都是精神病患者，他們為人類帶來了不僅是科技上的進步，也留下了許多優美的作品。他們透過作品來呈現他們眼裡扭曲的世界，表達別人不理解的孤獨，卻也是最真誠的自我，更是一種美麗。

畢竟在這個價值崩壞的年代，擁有Critical thinking（思辨能力）比盲目跟隨更重要。我們都要習慣在衝撞體制下思考與做選擇，才能擁有獨立與強大的能力。而我也只是特別幸運可以擁有文字表達的能力，也希望自己可以成為那個能為信念挺身而戰的人罷了。

我還是深信，極度坦承就是無堅不摧。人和人之間有的時候需要的不是互相理解，而是互不干涉。網路上不也有著那麼一句金句：「誤解本是人生常態，理解才是稀缺意外。」如果可以理解這種不理解，那麼你就一定更可以接受自己不需要被理解。

轉念把它當成一種有點悲傷卻也是一件挺浪漫的事，不被理解又如何？端起酒杯，喝自己的酒，放下酒杯，走自己的路；允許自己做自己，允許別人做別人。我們就該在這樣薄情且炙燒的世界裡，不瘋不成魔，如此深情的活。自己是炙熱的就好，就別管他人荒涼了。

人生是用來體驗、用來活的，
不是用來演繹完美的。

愛生活，
不要愛生活的意義

出發，才是最有意義的事情

關於意義

這世上有很多事情真的就是沒有意義的，或是說，它是沒有正確解答的。

你不會知道怎樣才叫做對的？怎樣才叫做好的？怎樣才叫成功了？怎樣才叫失敗了？你要如何確定那些看似有意義的事情，在未來會不會變得無足輕重？又要怎麼知道當你決定去做一件「有意義」的事情時，過程中不會出現另一件更吸引你的事呢？又或是，當你三十歲時，回望二十五歲所追求的意義，是否會覺得那只是在浪費時間？

然而，大部分的人也許根本不會有前述的心情。因為多數人的內心充滿更多的叫「迷惘」。他們都有很多「想做的事」，卻又缺乏堅定的決心；他們也會有選擇，卻希望確定事情有價值後才願意開始行動。似乎所有事情都非得先賦予它「意義」，認定它對自己有用或有價值，他們才會去做。然後，在這一連串猶豫和反覆之中，時光悄然流逝，轉眼成了歲月。最終，他們也隨著時間老去，許多事情也就跟著「算了」。

更令人悲哀的是，千錯萬錯都不是自己的錯，一切都是「因為、結果、可是、但是、然後、所以、導致於……」

●●出發，永遠是最有意義的事情

在生命中尋找意義並沒有錯，這是多數人信奉的行為準則。不過千萬別忘了，所謂的「準則」，是屬於達成後才會擁有的理想狀態。我們都必須承認，在這個充滿不完美的旅途上，我們每個人都在努力追求自己以為的最佳狀態，而不是社會眼中的完美典範。

當然了，每個人的生活方式各不相同。有的人能夠在自己熱愛的事情中找到深刻的意義，那表示他們充滿理想和抱負。那麼我會說：「年輕人，加油！堅定目標，往前走！」千萬不要因為年輕而空談，而是要用實際行動去實現你的夢想。

然而，太多人面臨的現實是，如果看不到某件事的意義，他們就缺乏行動的動力。更糟糕的是，他們往往找不到那些自認為有意義的事情，對其他看似有意義的事物也提不起興趣，最終不是在抱怨中碌碌無為，就是陷入現狀，生活停滯不前。最糟糕的結果是，持續抱怨現狀，而生活也未見改善，歲月悄悄流逝。

在這種時候，也只能好心提醒：「年輕人，好啦！你開心就好。不然說了你又不聽，聽又不懂，懂又不做，做又做錯，錯又不認，認又不改，改又不服，不服也不說。那就走你自己的路，自己的幸福自己尋找。」這話聽起來有些無奈，但它也反映了一個不可迴避的生活真理：有時候，人生這條路，就得靠自己去摸索前行。如果我們每個人都能提早知道答案的話，那又有什麼意義呢？哈，所以說，「意義」就是一個假議題！

最有趣的是，很多時候等你回首過往，才會赫然發現，那些曾經覺得毫無意義的時刻，無形中塑造了我們的性格和智慧；那些曾經被視為微不足道的經驗，讓我們成為了今天的自己。這就是人生呀——往往就是那些被輕忽的片段，孕育了我們最深刻的收穫與美麗。

所以重點不在「意義」，重點在於熱情和堅持。要是所有東西一開始都非得要有意義，你會窒息的。面對工作是如此，對待生活的態度也一樣。

試想，世上有味之事，如詩、酒、哲學、愛情等大多無用，我們吟無用之詩，醉無用之酒，讀無用之書，鍾無用之情，也沒有成為一個無用的人啊，這不反而讓我們成了一個有滋有味的人，不是嗎？

愛生活，不要愛生活的意義。只要是把時間用在你最願意做的那件事上，就不算浪費，就不會沒有意義。認真努力的體驗世界，每一分每一秒都算數，就是愛生活的表現。你愛生活，你認真生活，生活會知道，時間也一定會告訴你，最終決定能走多遠、能過什麼樣的生活，其實就是你給自己的意義。最後你會發現，「出發」永遠是最有意義的事情。

人生若是都能提早知道答案的話，
那又有什麼意義？
「意義」本來就是個假議題啊！

讓靈魂跟上來

命就一條，不要命的事挺多

關於忙碌

「最近忙嗎？」「還很忙嗎？」「有空嗎？」這些問題是否常常成為別人與你打招呼的起手式？在別人眼中，「忙」是否已經成為了你的標籤之一？對我來說，確實如此。

有些人的確無法理解，為什麼明明已經下班可以好好休息，卻還要選擇忙碌做許多事情。他們會以關心之姿對你說：「你就多休息吧！」「為什麼要把自己弄得這麼累？」在他們看來，這一切似乎都是自找的。

每個人也許表達的方式都不一樣，然而這些背後的好意卻都不盡相同。但人生不就是這樣，如果所有人都理解生活的真諦，為什麼我們的生活還不盡如人意呢？因為過來人的話，沒過來的人是聽不進去的。更不用說，有多少人根本沒走過那些路，說的都是不需要負責的閒話罷了。

就如同面對「忙碌」，我就有著比別人更多一點深刻又複雜的體會。

世界上總有像我這樣的人。小時候忙著玩樂，所以青春也沒枉過，喝酒狂歡樣樣來。直到長大開始懂事了，於是邊忙著邊玩，因為什麼都想要抓住，什麼都不想要錯過。我既想在工作上表現出色，也想生活得快樂也充實，只為過一個極致而熱烈的人生，也想燃燒自己，體會精彩的每一刻。

只是隨著年紀的增長，終歸會明白原來超人不會飛。沒有天生的好命，養成的就是後天的玩命。雖然嘴巴老是會嚷嚷著：「想做個忙碌的小偷，專門偷懶。」但心情卻是北野武的那一句經典名言：「雖然辛苦，我還是選擇滾燙的人生。」

我們這種人嘛，就是俗稱「賤的」。

生活給的苦難，就是在鋪墊浪漫

如果說這是性格造就事情成了必然而非偶然，那麼「忙」，就這樣一路跟隨我二十年。一絲不苟的堅持，一生懸命的執著，忙著生活、忙著工作、忙著愛朋友、忙著擁抱每個當下，所以好過、豐富過、快樂過、優秀過，也就會跌過、摔過、倒過、也慘過。

命就一條，不要命的事就是這麼多。用滿腔的熱血燃燒自己的熱情，在用盡全力打拚奮鬥到賠掉身家；而後頹喪到失去鬥志，也曾只想耍廢不想努力；直到走過抑鬱，還要面對生存的巨大壓力，再把自己累到失去健康……。

不是所有「忙」都能換來「芒」，也可能換來「茫」與「盲」；當然，也不是現在「茫了」，後面的路就是全「盲了」。

有忙碌有熱情，但沒了生活；有忙碌有轉移，才讓自己走出負面情緒；有忙碌有動力，重振起生活，卻又傷了健康。所以「忙碌」從中扮演了一個感受生活的殺手，也是治癒情緒的幫手，更像是治癒一切精神病的良藥。

這也讓我確信一件事，原來想要廢掉一個人，最狠的方式就是讓他永無止盡的閒著。人真的只有太閒，才會把雞毛蒜皮當回事。當忙碌占據了心頭，人才會開始懂得取捨。不想要太多複雜的情緒，就會少了許多內耗。這才是最重要的。

所以忙也不見得就是壞事啊。白天的忙，不就是為了夕陽下喝杯咖啡的閒；白天的忙，不就是為了下班與愛人朋友們的那頓飯；白天的忙，不就是為了晚上那一杯See you tomorrow。人生能忙出意義，閒出情意，忙時有序，閒時有趣，也才有價值與意義啊。

我看著很多人三十歲時手都大了，才買一堆玩具；四十歲時身都胖了，才想打扮美麗；六十歲時力都沒了，才想一直出國。安慰自己這叫做「情懷」，但我們知道這就叫做人生。錯過了，就再也回不來了，現在做的都只是彌補罷了。我時常提醒自己不要也這樣了，不管來不來得及，現在改變就從現在開始不一樣。

醜了就去美，胖了就去減，喜歡就去買，沒錢就去賺，青春那麼短，寒磣給誰看。不管對自己、對朋友、對親人、對健康、對飲食、對享受……有些錢，該花的不用省，當然該省的，這篇文章不是叫你要亂花。只是面對生活，別那麼小心翼翼，也別總把事情想得太糟糕。反正願意吃虧的人，終究是吃不了虧的，而且有些虧吃多了，終會迎來厚報。愛占便宜的人，定是占不了便宜，因為贏了微利，卻早已失了大貴。

所以縱使面對生活與工作，仍然還是會有一股莫名無力卻又需要拚命的交瘁感，只是當品格帶著幽默，走在一種橫豎都是死的壯志路上，那心情大概就是：

勇敢，大不了去死；

樂觀，反正又不會死；

社交，你們就當我死了；

真誠，愛信不信，不信去死；

坦然，死不了就還好；

自省，我怎麼不去死；

公正，全部都該死。

反正全身一切不舒心只要週末朋友一句：「喝酒嗎？同歸於盡的那一種……」

好呀，你說天長，我就遞酒。

真正的生活，就是沉重之輕以及輕之無限沉重。若總是對自己一毛不拔，歲月就會幫你拔得一毛不剩。對自己好一點，因為一輩子不長；對身邊的人好一點，轉身後不一定能遇見。

只要靈魂跟上來，多愛自己一點，那麼不愛會死，愛了就會活過來。

不是所有「忙」都能換來「芒」，
也可能換來「茫」與「盲」；
當然，也不是現在「茫了」，
後面的路就是全「盲了」。

把破事
爛在肚子裡

一個張開雙臂的世界，
不一定有歡迎你的心

關於憂鬱

憂鬱症早已被公認為二十一世紀人類三大文明病之一，與癌症及愛滋病並駕齊驅。全球甚至有三億五千萬名憂鬱症患者，在十大疾病中位居第五位，已經嚴重影響人們的生活品質。不過，我真討厭「憂鬱症」這病名。

先不說這詞彙本身不但對罹患精神官能症的人一點幫助都沒有，甚至更容易被誤導。病患要去面對大家的不理解，就是加重病情的原因之一，更不用說還會連帶影響生理上的機能失調；那心情就像是「肌痛性腦脊髓炎」又稱呼為「慢性疲勞症候群」時，大家的直覺就是要患者多休息的心情是一樣的無奈。

憂鬱症和憂鬱是兩碼事，憂鬱會好轉，但憂鬱症會一直跟隨；慢性疲勞和疲勞是兩件事，疲勞可以恢復，慢性疲勞就是怎麼休息也恢復不了的累。所以，到底是誰想到用憂鬱疲勞這種字眼當病名的？

話說如此，誰不都是在病一場死一回，破罐子破摔之後才會真正活明白。人生橫豎不過都是幾十年的事，死了不過就是一堆黃土的事，走過病過醒來後，很多事情就不會太糾結了。

永遠不要把傷口攤在陽光下，因為停留的只有蒼蠅

憂鬱症之所以會被稱為「現代文明病」，也是因為我們生活在科技高速發展，日常節奏也越來越快的世界。不論是貧富差距、工作壓力、社交認同，或是家庭和諧等，衍生出許多問題，其實都是間接誘發「憂鬱」的來源之一。

我相信若是將時間回溯到網路未盛行的數十年前，當時罹患憂鬱症的比例，肯定是比現在還要少了許多，因為它不具備傳染（渲染）性。

其實憂鬱症就是沒有好好處理負面情緒，終至惡性循環到蔓延擴散的過程。一開始或許只是小小的憂傷，若是向錯誤的人求助後得到更多負面的反饋，心情就會持續在憂傷、求助、不被理解、挫敗中，一再循環。一開始你只是覺得「我不快樂」，一旦時間長了，你會找到一個合理化自己情緒的理由「我是不是生病了？」「難道這就是憂鬱症？」

千萬不要以為意識到有「憂鬱症」就代表是好的開始。病識感產生後，有些人會更迷茫，懷疑且猶豫是否要治療；有些人接受治療，卻又抗拒面對過

程。當自己都沒辦法與自己的情緒共處時，同時又希望能夠得到旁人的理解，更多的無助與絕望會讓生活許多感受變得格外困難，而這時候所謂的官能症才是真正逐步侵蝕自己的時候。

在這個過程裡你會發現，一個張開雙臂的世界，不見得有擁抱你的心。當大家總說「不開心要說出來」，事實上沒有人在面對別人的負面情緒，能真的理解與與然接受的。

即便你滿腹心事不曾找人訴苦，即便你習慣把悲傷都留給自己，哪怕你一個禮拜或一個月「只」在社交媒體上發一次心情貼文，只要你的情緒一直持續在低潮狀態，偶一為之宣洩情緒的行為，別人都會覺得「你『又』怎麼了」。

你的憂鬱，是被妖魔化的存在

我曾經花了很長一段時間責怪自己。為什麼我的憂愁沒有打擾到別人，卻要被質疑它的純粹？為什麼我們的社會對情緒的表達，是嚴厲的，是隱負揚正的。彷彿難過、悲傷、憂鬱，是有次數限制的，是有時間限時的。只要一個人「持續」在負面低潮的能量裡，沒在有效期間內恢復成正常人，就是病了，不然就是被人厭煩的。

其實每一個人的生活成長背景不同，當一個天生是20％樂觀＋80％悲觀的人，為了滿足社會期待，每天要用兩成的力氣去面對人際關係，同時還要用那兩成的精力去約束八成悲觀的自己，終有一日會養出來另一頭怪獸，正是百分之百情緒扭曲的自己。被開膛破肚的魚都還會條件反射的動動腮，怎麼千瘡百孔的心，就不能慣性痙攣了呢？

縱使這個世界開始在教育大家正視這些情緒，而人們一直用嘴巴說著理解的語言，然而，多數人的行為上都是選擇漸行漸遠的。

難道大家都是偽善的嗎？其實也不能這樣說。試想，當我一個人悶悶不樂坐在角落不說話，整個周圍烏雲密佈的低氣壓模式，任誰都不想或不好意思過來打擾吧。畢竟人都會喜歡跟正能量的人在一起，我們也不能強人所難。

所以，看明白了嗎？無論說與不說，接收到的都是不能理解或無法理解，那麼重點就不在「說與不說」身上，因為「這個世界除了自己，都是別人」。所以，能爛在肚子裡的事，就不要跟別人說了。

要明白，我們一生中總會遇到這樣時刻，你的世界兵荒馬亂天翻地覆了，可是在別人看來你只是無病呻吟。一個人會有負面情緒、負面思考是很正常的，本身也並沒有錯，別人（包括自己）無法用正確的心態來面對這樣的情緒，才是不對的。

一個國家／社會／文化想要減少這些情緒縈繞在生活裡，需要的是，每個人都能健康的正視這些情緒，而不是用情緒綁架情緒，才是真正對官能症友善的環境。

也許通篇一開頭是用憂鬱症帶入，但無論是不是憂鬱症，就算是當你壓力大到要崩潰，當你遇的破事多到要抓狂，當你特別煩躁的時候，先停下腳步，或看一部開心的電影，或喝一大杯水，就是不要輕易把自己的軟弱公諸於眾。

你越是頻繁地向別人講述自己的不快樂，一開始也許大家會給予一些同情與反饋，但沒有人會持續心疼你的，時間長了你會成為一個話題，更甚至會被討厭疏遠，你沒得到期待的回饋，便會進入另一個痛苦循環。

朋友就該和你分享快樂的人，不是分享你痛苦的人。關上門，我們可以在房間裡裹著棉被大哭，也可以拿著枕頭亂摔。一旦打開了門，我們就不是一個抱怨者，繼續做該做的事，落落大方在大家面前出現。

心可以碎，手不能停，轉移注意力，在崩潰中前行。先把步調給調整了，再來拯救我們受傷的靈魂，開始學會去化解，去承受，這才是一個成年人最基本的素養。

成年人會有痛苦，但不輕易公諸於眾；成年人也會有情緒，但不要變成情緒化；我們要學會接受自己和別人的不一樣，更要保護好自己這份不一樣。

鄙睨一笑這樣的世界，對自己說：「人生嘛，要麼『怎麼辦？找方法』；要不『還能怎麼辦？算了唄。』」

這個世界除了自己，都是別人。

高敏感人的
別樣活法

不是我太敏感，是別人太粗糙

關於敏感

「你怎麼那麼玻璃心呢？一碰就碎。」

「你想這麼多幹嘛？這又沒什麼大不了。」

「幹嘛那麼敏感呢？我又沒說你，你會不會想太多。」

是不是經常有人會這樣說你？

然後你是否總是這樣：容易感到不安和恐懼，變得悲觀也疲憊不堪，總是輕易就受到別人的影響，一句話就能讓你整夜輾轉反思，難以入眠，不時陷入深刻的自我懷疑和內耗。一句無心的話就能傷到你，一點小事就能讓你大驚小怪。然後，全世界都在說你太敏感了，甚至有人說這是「高敏感人格」。你開始懷疑自己是不是「玻璃心」，不知該怎麼辦？

首先我們就先Google一下，什麼叫「敏感」。敏感，意味著對外界情況有敏銳的感覺，容易產生迅速而強烈的反應。然而，在日常生活中，「敏感」往往被視作其他負面詞彙的委婉說法。當有人對我們說：「你太敏感了」，通常會立刻將其解讀為一種負面評價。

但認真想想，撇開偏見，到底從什麼時候開始「對外界事物反應迅速且感受強烈」成了一種缺點了？這可是姐的特點啊。

看似脆弱的高敏感人格，其實是天賦十足的大後期人格

「高敏感（Highly Sensitive People, HSP）」一詞是距今約二十年前，美國的依蓮・艾倫（Elaine N. Aron）博士提出的新詞彙。它並不是一種疾病，而是屬於心理學和社會學的範籌。換言之，高敏感不是一種缺陷，也不是一種病。就如同我們不會說有人「患有」左撇子或是「得到」同性戀一樣，你也不會「患有」高度敏感，因為這就是你天生的特質，沒有好或壞，就是一種與生俱來的性格。

所以身為高敏感族是什麼感覺？

大家不妨可以想像，你能夠聞到的氣味比一般人濃烈三倍，聽到的聲音也

比別人大聲三倍，甚至感受到的情緒起伏也強烈三倍。這種敏感不僅僅體現在五感上，更延伸至第六感——即超越常規五感的感知，如直覺、預感、靈感等能力。

簡而言之，高敏感一族的感官能力極為敏銳，同時擁有強大的第六感，並具有豐富的想像力、藝術天賦，以及高度的同理心。然而，一旦陷入負面情緒且持續處於低能量狀態，情緒會陷入沉重的泥沼，讓人感到疲憊和難以承受。

高敏感人士通常在人生早期會經歷各種挑戰和困難，但隨著時間的推移，只要能夠善用這樣的特質，它就成了一種天賦，甚至是一種超能力的展現，這時候人生就如同開外掛般，找到人生最好的狀態，知足與自洽。

不是我太敏感，是別人太粗糙

我總是那個群體中最早感受到別人尷尬和不適的人；我有過人的共情力和同理心，總能周到地照顧身邊人的情緒。在職場上，我能迅速建立聯繫，第一時間感知到危機；在感情裡，我能夠感受到對方的冷熱，察覺到彼此的親疏；至於自己，你知道為什麼我們會感到疲憊嗎？那是因為我們用心與人交往，因為我們將人放在心上，所以我們在意，所以我們會感到疲倦。對於那些我不在乎的人和事，我不會有任何反應。如果你不喜歡我，沒關係，我不在意，因為我也不喜歡你。

當我開始坦承接受這樣的自己，要麼零，要麼一百，沒有兼容和混搭。我也嘗試過找到平衡，但我找不到。因此，我的真誠建議是：別想改，改不了，我們就要接受自己全部的瘋狂和無能。因此，我常常說，認識自己，接受自己是非常重要的。

要知道，敏感並不是缺陷，它讓你更深刻地體驗這個世界，讓你意識到言語溫柔的人不一定是好人，讓你發現即使是訓斥你的人也不全是壞人。它讓你在悲傷的世界中發現美好，在人情世故中看清人性，讓你明白世故而不世故。

也許你總是會因為一些小事而胡思亂想，也許你總是習慣於成全別人卻委屈了自己，也許你總是不自覺地被別人的情緒所左右。但是，即使日復一日年過一年，疲憊了身體又壓抑內心，哪怕表面上總是裝作毫不在意，雲淡風輕，到了晚上仍然會因為一句話、一個眼神、一件屁大點的事而翻船了。但你知道嗎？也許正是因為你的敏感，讓你變得小心翼翼，不夠直率；也許你會因此感到矛盾，但別忘了，這就是「真實」。正是因為你的敏感，你才有更強的共情力和感知力，對人事物有更深入的思考。這是生活賦予你的天賦，也是你最迷人之處。所以，就當作別人太粗糙，而你只需要學習接受和認識這樣的自己。

你應該感受到世界的溫暖和溫柔，而不是去感染到負面的病毒。你可以失去別人，就是不要弄丟自己。因為高敏感的人正是以更加生動、更加激烈的方式去感知這個世界。我感覺痛苦的能力很強，意味著我感覺快樂的能力也很強；我有強烈的痛苦，意味著我有深度的快樂；我能看見更多的醜陋，意味著我也能看見更多的美好和漂亮，這也是我們高敏感人群最別樣的活法。

你想想，我們能因為雨天而失落，就能因為天晴而開心不已；我們會感受到疼痛，但我們的浪漫和快樂也會如熱浪般洶湧，因為有高敏感人的存在，才能讓世界顯得熱烈紛繁，萬紫千紅。

所以敏感就敏感吧，敏感並不是缺陷，而是善良的天賦。我甚至會想，如果未來世界都是ＡＩ在創造內容，那麼，高敏感的人也一定不會被取代的。我們甚至可以一個人就能建構起一個世界，因為我們也能把一秒活成一整個春夏秋冬。

敏感不是缺陷，而是善良的天赋。

後悔止痛藥

人生最不需要的就是為難自己

關於經歷

撇除「作奸犯科」這類大型犯罪行為，你是否也曾有過因為過去的一個決定、一次情緒、一個行為、一次舉動、一個錯誤、一次衝動……，即使這些行為並沒有直接影響到他人，但卻在內心中不斷地耗費著自己。當這些事情被揭露後，我們似乎就負擔起一種難以名狀的「人格債」，好像自己原本的美好已經被永遠地玷污了，好像曾經的努力、善良的本質都已經消失殆盡。

那比喻就像是，有人曾深受憂鬱症之苦，但當他人提及時，卻被歸類為「玻璃心」；又或者有人曾經有過財務上的困境，就像是背負著一段黑歷史；有人可能曾經沉迷於某種不良行為，被別人戲稱為「嗑藥」；甚至有人曾經歷過離婚並育有子女，卻被貼上了「失婚單親媽媽」的標籤。

我想說的是，雞除了生蛋，也會拉屎，而我們生而為人，會吃也會拉，正如同優秀的人也肯定會犯錯；然而，這世界卻都只喜歡關注「屎屁尿的事」？

生活的本質不應該是「多吃蛋，長營養，拉出屎，壯自己」嗎？結果，這年頭大家總是放著「營養的蛋」不吃，還整天追著屎不放。就比如那些日常處事和與人相處的大小事，有時候哪怕你是對的，也不用非要證明別人就是錯，誰的人生還沒點破事呢，誰的生活不是一地雞毛。你當然可以指點，但誰讓你一直指指點點了？難不成非得要人家大聲說出：「對！我就是爛！我就是坨屎，我就是臭！」大家才會甘心覺得天下烏鴉一般黑，才會放過別人嗎？

很多時候，對當事人而言，求的不是一顆同理的心，也不需要任何的安慰。就算是自己活該，人生終究得自己為自己負責，但太多好奇的嘴與保持距離的行為，那才是最傷人的武器。

那該怎麼辦？難道就一直痛苦下去嗎？難道就任由別人一直影響著自己嗎？當然不該是這樣的。

世界很粗糙，歲月也不溫柔，當人們無法輕易原諒或淡忘時，當人們不容易相信或改變時，我們能做的就是堅定自己的心。即便不能改變事實，也不該讓事實來改變你。唯有讓自己的心先強大起來，那麼誰都不能摧毀你，除了你自己。

人生沒有後悔藥，但有後悔止痛藥

人生的道路上，沒有重新來一次的「後悔藥」，但有一種後悔止痛藥，叫「下次知道了」。這個藥也許不能真的去改變這件事，但也許可以讓你脫離痛苦的感覺。

試想那件讓你後悔的事，之所以會讓你那麼做，是因為你的性格，你的經歷，你的認知，你的所有成長背景經驗，觸發你在那一刻那樣做。就算時間倒轉重來一遍，以我們當時的心智和閱歷，都還是會做出同樣的選擇，一樣避免不了同樣的結果，如果沒有發生些什麼事情，也不會進入下一個新的自我認知階段。

而我們終其一生都在努力尋找的，不就是自己喜歡的生活方式和想成為的人。所以，當自己被後悔的精神內耗困擾的時候，請服下「後悔止痛藥」在心裡默念「嗯，下次就知道了」。

要知道，多走點彎路沒關係的，花多少時間在路上也不要緊的，與世俗或他人期待不同又何妨，只要你走在成為你自己的路上就夠了。即使趕不上清晨五點的日出，我們就去看傍晚六點的夕陽。什麼時候都不算晚，哪裡都有哪裡的美。就是不需要站在現在的角度，去批判當時的自己。

然而，要記得，如果每次都服用同一款「後悔止痛藥」，那麼抗藥性是無可避免的，死性不改就會成為一種「癌」，誰也救不了你。

除此以外，想不開都是事，想開了也就那回事兒。五年後回頭看，肯定都是屁點大的破事。總有一天，你會像個局外人一樣回顧自己的故事，然後，笑著搖搖頭，原來浮生不過夢一場。最後能治癒自己的，從來不是時間，而是你內心的那份釋懷和通透。

直到有一天，當你從浴室洗完澡走出來，電視播放著你從前喜歡的音樂，突然想起曾經發生過的事。啊，原來生命裡還有那些事情、那些人啊，那彷彿已經是很遙遠的事了，好一陣子都沒有想起來了。現在想起來，卻一點感覺也沒有了。

原來，成就唐僧取經的不是那本經書，是因為走過那條有九九八十一難的西經路。

人生難免踏錯幾步，對待彼此都溫柔點

至於那些拿你的「屎屁尿」當茶餘飯後的點心來享用的人們，你就把這都當是便秘的過程。反正小時候不也以為屎在屁股裡，長大之後才知道屎在腸子裡，但是經歷世事後肯定會明白，原來屎也在某些人的腦袋裡。

所以別人的破事聽聽就好，每個人都有自己的十字架要扛，沒有要求你去救贖他們，也沒有要求你去幫助他們。只要沒有影響到你，就不該是你嘴裡的壞人。每個人的生活都有自己的課題要面對，讓我們對待彼此都溫柔點吧。人

生有時難免踏錯幾步，不如姑且就都當做是在跳舞。

生命說長也很短，想要快樂都已經很不容易了，現在只要告訴自己：「現在我最不需要的就是為難自己了。」

強大並非克服一切軟弱，而是讓軟弱成為整體的一部分。真正的忘記，是不需要努力的。最後，有什麼心結解不開，就把它繫成蝴蝶結。

一個人，也要活成千軍萬馬。

後記／

「有人往你胸口插了一刀，反過來說你敏感，你把刀插回去，他卻說你這點小事至於嗎？」——莫言

這就是傷害與理解，往往只是一線之隔。

我一直覺得人與人之間的關係，大多是相互消耗，互相折磨的。有人說：「我們在相互傷害中達到的理解，比我們相親相愛時要多得多」，難道真要走過相愛相殺的愛，才叫真感情嗎？（這裡說的感情，不是只有愛情，而是泛指所有關係，包含友情與親情。）

當人們用「太敏感」作為傷人後的擋箭牌，卻很少去思量，為何「感受」成了罪。真正的敏感，其實是生命中最珍貴的天賦，是情感的觸角，是對世界的細膩體驗。而這樣的細膩體驗，在被偏見和嘲諷之下，卻成了一種缺點。當你為一句話心痛，為一次遺憾流淚，總有人冷嘲你，說你太脆弱、玻璃心。然而，當你選擇伸出手，或是回應那傷害，他們又稱你不懂事、太衝動。

但真的是如此嗎？這個世界真的只容得下堅硬無情，而不能包容柔軟與有情嗎？

要知道，我們每個人都是獨特的存在，有著自己的疼痛，和對疼痛的反應。無論這反應是沉默無聲的，還是痛苦回應的，都是個體對世界的吶喊和對話。試圖抹殺這樣的吶喊，或試圖否認一個生命的真實，都是不健康的。

當我終於明白，真正的強大不是對抗，是允許發生。於是開始學會拿起那把刀，不是為了傷害人，而是為了保護自己。當面對傷害時，學會區分哪些是必須反擊的，哪些只是過路的風景，哪些值得我們笑看輕嘆，哪些又是值得我們放在心上省思的，這才是最重要的。

無論是傷害還是被傷害，我深信在這個世界上，每一個生命都有自己的故事和情感。讓我們尊重彼此，為一個更和諧的世界努力，不為那剎那的衝動，而是為了那一份深沉的理解與寬容。

最後也唯有找到安放自己情緒的地方，懂得換氣與放棄，懂得溺愛自己的感受，學會與自己的情緒相處，懂得自洽，與生活和解，與自己和解。那麼去他的互相傷害，這才是我心中真正人與人相處之道的底層邏輯！

去他的互相傷害

——致那些為我好，但一點都不好的人間關係

作　　者　力口木木 Licomumu

責任編輯　鄭世佳 Josephine Cheng
責任行銷　袁筱婷 Sirius Yuan
封面裝幀　謝捲子 Makoto Hsieh
版面構成　譚思敏 Emma Tan
校　　對　鄭世佳 Josephine Cheng

發 行 人　林隆奮 Frank Lin
社　　長　蘇國林 Green Su

總 編 輯　葉怡慧 Carol Yeh
主　　編　鄭世佳 Josephine Cheng
行銷主任　朱韻淑 Vina Ju
業務處長　吳宗庭 Tim Wu
業務專員　鍾依娟 Irina Chung
業務秘書　陳曉琪 Angel Chen
　　　　　莊皓雯 Gia Chuang

發行公司　悅知文化　精誠資訊股份有限公司
地　　址　105台北市松山區復興北路99號12樓
專　　線　(02) 2719-8811
傳　　真　(02) 2719-7980
網　　址　http：//www.delightpress.com.tw
客服信箱　cs@delightpress.com.tw
ＩＳＢＮ　978-626-7406-68-7
建議售價　新台幣360元
首版一刷　2024年05月

國家圖書館出版品預行編目資料

去他的互相傷害：致那些為我好,但一點都不好的人間關係／力口木木著. -- 初版. -- 臺北市：悅知文化 精誠資訊股份有限公司,2024.05
304面；14.8×21公分
ISBN 978-626-7406-68-7 (平裝)
1.CST: 社交 2.CST: 人際關係 3.CST: 生活指導
177.3　　113005440

建議分類｜心理勵志